人工知能の可能性

ブライアン・キャントウェル・スミス=著

川村秀憲=監訳　檜垣裕美=訳

JN022700

機械は人間と同じ思考力を持てるのか

NEWTON PRESS

人工知能の可能性

機械は人間と同じ思考力を持てるのか

序文

　1980年3月25日のことだ。スタンフォード大学行動科学高等研究センターで行われた人工知能と哲学に関するワークショップのランチタイムで，参加者の一人がこう言った。「カントがLISP（リスプ）[1]で『純粋理性批判』を書いていたとしたら，私たちは皆もっと楽だっただろう」と。驚きの余り顔を上げると，同じようにショックを受けた参加者の一人と目が合った。ジョン・ホーグランドだった。そこから友情で結ばれ，すぐに始まった共同研究の関係は，2010年5月22日にホーグランドが不幸にも心臓病で倒れるまで続いた。当時，彼はシカゴ大学で自身の記念論文集を作成中だった[2]。

　ホーグランドは哲学者であり，実存主義やハイデッガー哲学についての研究をする一方で人工知能（AI）の哲学的基盤の研究においても並々ならぬ功績を残している。ホーグランドに出会ったのは，私がMIT（マサチューセッツ工科大学）の人工知能研究所でコンピューター科学専攻の博士号をまもなく取得しようかというときだった。コンピューター科学のような技術的な分野を専攻してきた私の研究人生の大半はホーグランドとは反対の方向を向いたものだったが，研究している領域は計算と心の哲学的な重なりという共通のものであった。私たち二人のバックグラウンドは正反対だったが，お互いの興味を引き起こす源泉には似たものがあった。ホーグランドの父親は機械工で[3]，私の父は神学者だったのだ。実は私たちは二人とも純粋に一つのことだけに専念していたことはない。私たちは二人とも科学と哲学とに囲まれた環境の中で育ち生活してきた。その中で私たちは何百時間もともに過ごし研究することになったのだ。「そう，それがまさに考えようとしていたことだよ」というのが，尽きない会話のなかで繰り返し登場した言葉だった。

　事情があって，私はホーグランドの記念論文集に寄稿することができなかったが，本書では，その論文集の中で示したかった考えも提示しようと試みている。

　複数の草稿を読んでくださり，このようなテーマについて繰り返し議論をしてくださったグベン・グゼルデレ，アモガ・サフ，ヘンリー・トンプソンには特別な謝辞を述べたい。クリストフ・ベッカー，ジム・ブリンク，トニー・

チェメロ，ロン・クリスレー，ニルス・ダールバック，サンドラ・ダニロビッチ，ジリアン・アインシュタイン，ラナ・エル・シニオラ，ロバート・ギブス，ヴィノド・ゴエル，ステファン・ヘック，スティーブン・ホケマ，アトゥーサ・カサーダデ，ジュン・ルオ，ジム・マホーニー，トビアス・リース，マレー・シャナハン，アーノルド・スミス，ラスマス・ウィンザー，そして二名の匿名のレビュアーにも謝辞を述べたい。また，ロン・クリスレーと「心（Minds），機械（Machines），形而上学（Metaphysics）」（3M）のメンバーにも謝辞を述べたい。3Mは1990年代にインディアナ大学で最初に開催されたが，最近になってクリスレーが多くの学生を集めてこれを再結成した。私は何年にもわたってその学生たちと研究したことを誇りに思っている。ここに挙げた人たちが本書に書いた内容のすべてに賛成しているわけではないことは承知しているが，だからこそ彼らは非常に感謝している。ここに挙げた一人ひとりの方が目を通してくださったおかげで，本書はこのうえなく良いものになったと確信している。

　何年間にもわたって本書を担当し，信頼して力添えをしてくださったマサチューセッツ工科大学出版局のロバート・プライアー，出版にあたって微細にわたり力添えしてくださったエリザベス・アグレスタにも感謝の意を述べたい。

　また，本書の執筆だけでなく，本書の基になった研究を行い，今後もこのようなテーマを掘り下げていくことができるように力添えしてくださったリード・ホフマンにも感謝の意を述べたい。2017年12月16日，私たち人間はいかにして人工知能との暮らしに臨んでいけばいいのかという難題を持ち掛けてきたのが彼であったことをここで打ち明けておきたい。本書はこの問題について主にどう考えているかを言葉で表す機会であると考えている。

　ジリアン・アインシュタインにも言葉では言い表せないほどの感謝の意を述べたい。彼女がいなければ本書を執筆しようとすら考えなかっただろう。

注釈

1. LISPについては学位論文で取り上げている。だから，そのように呆然としたのは，プログラミング言語に関する私の知識が不十分だったからではない。

2. ホーグランドはその一カ月後に行われた会議の後に意識を失い，そのまま6月23日に

亡くなった。

3. ホーグランドは大学院生のころにプリンターを自作している。リレーを集め，これに折り曲げたクリップを取り付けて，ゴミ捨て場から拾ってきたIBMセレクトリック・タイプライターのキーまでそのクリップを延ばして，キーを押すことができるようにしたのだ。彼はちゃんとした電子機器をつくって，その機器を制御するプログラムを書いた。そして，その機器は何年間も使用することができたのだ。

はじめに

　ディープラーニングも，その他の第二次ブームのAIも，また現時点で開発中の第三次ブームのAIの案も，真の意味での知能は生み出さないだろう。現時点で考えられているシステムは優れた計算能力を発揮するであろうが，人間が数千年にわたって磨いてきたものと同じレベルの知能と判断力はそれらとは程度が違うものである。これを獲得するためには内部表現を「学習」し，言葉では表せないほどの豊かさを備えた「全体」としての世界に身を投じる必要がある。実存のコミットメント，本物の利害関係，そして熱意のこもった決意があって初めて，（人間でも機械でも）システムというものは真の意味において，客体を参照し，その存在論的な体系を評価し，真実と偽りを区別し，状況に適切に応答し，責任を引き受けることができる。

　このことはAIにとっての破滅を意味するのだろうか？　答えはNoである。自動計算システムは人間の存在を変えるだろう。だが，自動計算システムの能力や責任，影響，倫理について理解し，どのような人や機械にどのような作業を割り当てるべきなのかを理解するためには，知能とは何か，AIが何を達成してきたか，またどのような仕事にどのような能力が必要なのかを理解する必要がある。入念に描かれた設計図を使うことで初めて，私たちがつくりあげている世界，つまり私たちがともに暮らす世界を適切に演出することができるのである。

　本書の目的は，その設計図を作成するプロジェクトの一助になることである。計算とAIの進歩には，科学革命と同程度の重要性を持つ画期的な意義があり，そこには，世界，私たち自身，そしてそのような世界における私たち（そしてAI）の位置づけについての従来の理解を著しく変える大変革を引き起こす可能性が存在するのだという信念の基に本書の執筆を行なった。計算とAIによって促進されるこの再構成は，それを受け入れるためのまったく新しい存在論的・認識論的な枠組み，言い換えれば，私たちが何者であり，将来どうなっていくのか，また何を擁護し，いかに生きるべきなのかといった究極の問いを発するときに用いられる新たな枠組みが必要とされているということを含意するものである。

このような問いに目を向けながら，本書では，いくつかの知的な道具について説明したうえで，その道具を使って最近のAIの動向，とりわけ興奮や不安や議論をもたらしてきたディープラーニングや第二次ブームのAIの最近の進歩を評価していくこととしたい。本書は特定のプロジェクトを評価したり，ますます進む進歩を推奨したりするものではない。そうではなく，次の二つの目的の下で，一般的な方法を採用することとしたい。

　1. 知能そのものについての考え方を明らかにすること。これによって，私たち人間にはどのような能力があるのか，AIがどのようなことをすることを目指しているのか，現時点でAIはどこまで達成しているのか，間もなく期待できるのはどんなことか，どのような作業であれば現在構築または構想中のシステムに責任を持って割り当てることができるのかを理解することができるだろう。
　2. 世界の根本的な性質についての理解を深めること。あらゆる種類の知性は最終的にはこれを明らかにする責任を負うものであると私は確信している。

　第二の目的により，本書は存在論的な趣向が強くなっている。結局，私が本書で論じたかったのは以下のことである。

　(i) 第一次ブームのAIが失敗した最も根深い理由は，薄弱な存在論の世界観を基盤とするものだったからである。
　(ii) 第二次ブームのAIに関する最も重要な視点は，それに代わる存在論の視点を開く窓を提供するものだったという点である。
　(iii) 実在の本質が意味していることは，「汎用人工知能」(AGI)なるものを構築するには，第一次または第二次ブームのAI[1]で想定されていたのとはまったく異なるだけでなく，それをはるかに上回るような発展が必要であるということであり，そのような発展のためには，さまざまな形で真剣かつ積極的に世界とかかわり合うことが必要であるということである。

　本書では，私たちが正真正銘の人間の知能を用いて実現するべき規範的な理想をさして「判断力」という言葉を用いている。これは，倫理的な関与や責任ある行動の基礎にある，冷静[2]かつ慎重な考え方であって，それが発揮される状況において適切と言えるものである。人間の認知行動がすべてこの理想を満たしているわけではない。それどころか私たちが「頭がいい」と言っているすべての人の意識的な行動でさえもそのすべてがこの理想を満たしているわけではない。私に言えるのは，「判断力」というものは人間の思考が最終的に目指すべき基準であるということだけだ[3]。

　この意味での「判断力」は，私たちが子供たちに教え込もうとする能力での一つあり，私たち大人が責任を負うべき準則の一つであると私は確信している。それは，個人をはるかに越える成果であり，個々人が身につけなければならない理性，思考，慎重な行動の基盤として，何千年にもわたってさまざまな文化[4]において築かれてきた資源である。「判断力」は明確に述べる必要もなく，合理主義的である必要もなく，創造性，思いやり，寛大さといった，それを備えていなければ（特に形式的な）論理が非難されることが多いものごとから独立している必要もない。それよりはむしろ，「判断力」という言葉によって私が表現しようとしているものは，「良い判断をしている」と言うときに言おうとしている（あるいは言おうとしていると考えられる）こと，つまり公正[5]で信頼を置くことができる考え方であって，あるがままの真実や世界に従っているもののことなのだ。

　すべての知能の最終的な目標としての「判断力」という視点から，本書では，ホーグランドが古き良きAI（GOFAI）と呼んでいた第一次ブームのAIのはじまりから，ディープラーニングなどの現代的な第二次ブームのAIのアプローチまで，人工知能の歴史を検討する。本書の目的は，何かを推し進めたり批判したりすることではなく，理解することだ。私たちが築いてきたさまざまなテクノロジーの根底にあるのは，どんな仮定なのだろうか。人工知能の歴史の中でのそれぞれの段階で対象とされてきた知能の概念とは，どのようなものだったのだろうか？　私たちはこれまでにどのような成功を収めてきて，今後どんなことが期待できるのか？　現代のAIシステムは「判断力」のどのような側面に光を当てることになり，その反面で，「判断力」のどのような側面にはまだアプローチを始めていないのか？　そして，要求

水準を引き上げ，今日私たちが直面している最も重要な問題の一つを視野に入れるならば，次の点も問題となるだろう。すなわち，「判断力」の概念を明確に示すことができれば，AIの出現を契機として，人間であるとはどういうことか？に関する基準を精緻化するための着想を得ることができるのだろうかという問題である。

　本書では，コンピューターとAIシステムがすでに有する，極めて優れたある種の計算能力を指して「計算力」という言葉を使うこととする。これは，並外れて実用的で重要な能力であり，コンピューターが進歩し続けると考えられるあらゆる理由の基礎に置かれるものである（最終的には多くの場面で私たちを超えることになるが，まだそうなってはいない）が，「判断力」に見られるような，倫理的コミットメント，深い文脈的認識，および存在論的感性を欠くデバイスに組み込まれた技術のことでもある。計算力と判断力の違いについては本書で深く掘り下げた議論を行っているところであるが，この違いにより，知能の種類のテクスチャマップ[6]（これは，なぜ計算システムがいくつかの点で驚くほど強力であるにもかかわらず，それ以外の点では驚くほどに欠けているのかを説明するためのマップである）の必要性が浮き彫りになる。

　次の4点について警告しておこう。第一に，本書は人間と機械を比較するものではない。

　いつか真の意味での判断ができる人工計算システムを構築できるかもしれないということを疑う理由はどこにも見出せない。あるいは，このことと同等に次のように言うこともできるだろう。すなわち，仮にこんなことができるとすればの話であるが，独自の文明を発展させたり，徐々に私たちの文明に参加したりできる人工生物を私たちが開発できたとすれば，やがてそのような人工生物は，私たちと同様に「判断力」を進化させていき，おそらく私たちと同じようにはっきりと自分の能力を理解するであろうという可能性を否定する論拠を私は持ち合わせていない。また，サイボーグやその他の人間と機械の組み合わせは，それが人間ではないという理由だけで，真の意味での判断力を持ちうる可能性を否定されることになるとも言っていない。私が言いたいのは以下の二つだけである。

（ⅰ）現在私たちが設計および構築しているシステムは，まったくもってそのような領域には到達していない。

（ⅱ）過去または現在のAIへのアプローチも，近い将来に現れるであろういかなる技術的な進歩も，「判断力」の構築または改善が何をもたらすことになるのかという問題への取り組みを始めていない。

　だが，DNAベースの生物とシリコンベースの生物を区別してこの結論に到ろうとすることは，重大な間違いであり，優越主義的，感傷的，そして致命的なほど浅薄だと私は考えている。厳密に言うと，AI，人間，人間以外の動物をすべて均等かつ偏見なく評価するためには，存在しうる知能の種類の範囲を明確にする必要がある。

　第二に，次第に明らかになるように，本書の中で擁護している意味での「判断力」は，包括的または体系的な能力またはコミットメントであり，そこにはあらゆるシステムによるあらゆる世界に対するあらゆるコミットメントがそこには含まれている。本書では，それを個々の能力の分離可能な特性とは考えていない。また，現在の設計に欠けているような構造上の特徴をも含む，何らかの特定の構造上の特徴によってもたらされるものである可能性も低いだろう。読者の皆さんは，本書の中で特定の構造に関する提案や技術的な修正に関する推奨事項を見つけることを期待すべきではない。このような方法で到達できるものよりも，問題はさらに根深いものであり，問題解決に必要な費用はさらに高いものなのである。

　第三に，私が擁護する「判断力」の概念は，一方では「合理的な思考」と，他方では「感情」または「影響」との間の通常の区別に適合しないことを十分に認識している。それどころか，本書の目的の一つは，合理性についての通説的な理解をおびやかし，部分的にはそれをさまざまな種類の知性へと分解するとともに，私たちが獲得しなければならないあらゆる種類の理性という意味での最も完全な意味での理性というものは，ときとして情緒的な状態とも関連する行動へのコミットメントや衝動をも必然的に含むものであるということを示唆することにある。このような動きは，さらに大きなコミットメントから生じている。AIの可能性がそれに見合うほど重要だと考えるのであれば，合理性という昔からの概念が無傷で生き延びると考えてはならない。

第四に，筆者は1970年代に発表された第一次ブームのAIに対する批判の多くを真剣に受け止めているが，本書はドレイファスの『コンピューターには何ができないか — 哲学的人工知能批判』[7]に沿って更新された論説であることを意図したものでは決してない。それどころか，私の目標の一つは，コンピューターに何ができるかを理解するという観点から概念的なリソースを開発することである。実際，全体の議論は前向きであるように心がけた。私はAIの開発を停止することを主張したり，道徳的な問題をはらむ状況においてAIシステムが機能することを禁止するべきだと主張したりはしない（飛行機に乗っていてサンフランシスコに着陸するとき，私がありがたいと思うのは飛行機を誘導しているのが，霧の中でじっと目を凝らして空港を探しているパイロットではなく，洗練されたコンピューターシステムだということである）。また，少なくとも現時点では，AIシステムが私たち人間よりも性能が高くなるかどうか，あるいはAIシステムが自分の意識を作り上げるのかどうかという問題についても不安を抱いていない。そして，私たちはまもなく私たち自身（そして結果としては人工知能生物）が設計した人工の知能生物と実りある交流をしながら，生きる方法を学んでいく必要があるという事実を本書では真剣に受け止めている。

　だが，次の二つのことを恐れている。

（i）真の意味での「判断力」が必要な状況で計算システムに依存すること。
（ii）計算能力の高さにむやみに感心することにより，人間の精神活動における期待の的が計算の方向によって変わってしまうこと。

　最近のさまざまな出来事により，私はどちらの点でもためらっている。私たちが反応すべきだと私が確信しており，本書により皆さんに関心を持ってほしいと願っているのは以下の二つである。

（i）AIシステムの能力を超えるタスクではなく，AIシステムが得意としている計算タスクを引き受けるためにAIシステムの使用法を学ぶこと。
（ii）判断力，冷静さ，倫理および世界への関心を弱めるのではなく，強化すること。

注釈

1. あるいは，第三次ブームのAIとして提案されているものなら何でも良い。

2. "Dispassionate"（そして"disinterested"という語を使う場合もだが）という語のもともとの意味は「公平で先入観がなく心が広く偏見がない」である。判断に注意や責任が欠けている（あるいはその可能性がある）というつもりはない。それどころか，第11章と第13章で述べているように，判断力というのは熱意と冷静さと思いやりを兼ね備えたものでなければならない。

3. このことは，統制的理念としての判断力が意識からも経験からもかけ離れていることを示唆するものではない。世界中のさまざまな形の文化の歴史的発展における最も重要な成果の一つは，責任ある大人になるための背景条件として判断力という基準を定めたことだと思う。現代における公開公演の仕組みの破壊（おそらくデジタル技術によってもたらされたもの）が広く非難されているという事実は，そのような規範が脅威にさらされているように見えても，そのような規範が忘れられていないという事実を証明している。

人間の状態をそのような理想によって説明できるようにすることが何を意味するのか，そしてそれがこれからどうなるかを理解することは，AIシステムとはいかなるものであり，いかなるものではないのかを文章化するうえで有力な手段となるのである。

4. 確実に推定できることから言うと，判断力の発達は，DNAや神経構造の変更を必要とせずに実現されてきた。

5. 冷静な読者は，真実の基準に正義と倫理を入れることをためらうかもしれない。次第に明らかになっていくように，私は真実だけでなく，倫理，配慮，思いやりの根底にある「基準」のようなものである世界のことを考慮に入れている。だが，それがどうして，また，なぜ真実であるかを理解するには，「世界」とは何であるか，存在論と真実がいかにして生じるか，いかにして存在論的コミットメントは存在論の前提条件であるかなどを理解する必要がある。このような形而上学的な立場についての議論は，本書の範囲外である。私はそのプロジェクトを別の場所で取り上げているが，それをご覧になりたい場合は拙著 *On the Origin of Objects* (Cambridge, MA: MIT Press, 1996)を参照のこと。

6. 心理学により，人間の精神の詳しい概念地図が作成され，認知，感覚，記憶などの能力が区別された。第2章で述べるように，AIの基礎となった知能の概念は非常に一般的なものであり，そのような理論上の区別は存在しなかった。AIを評価するために必要な概念地図は，心理学の概念地図とは異なるものだと確信している。これは，人間や人間以外の動物に占拠されていない広大な領域をコンピューターが開拓しているからでもある。

7. ヒューバート・ドレイファス，『コンピューターには何ができないか ― 哲学的人工知能批判』（1992年，産業図書）」。

第1章　バックグラウンド

　人工知能が初めて登場したときは高揚感があった。1960年代と1970年代は，人工知能にとっての最初の高揚期だったのである。コンピューターの驚くべき力がはっきりとわかるようになったのはその少し前のことで，新設されたばかりのAI研究所に衝撃が走った。私たちの想像力を鷲づかみにしたのは，計算が社会に及ぼす潜在的な影響が驚くほどのものであったからだけではなく，私たち人間もコンピューターである可能性があるという考えである。その考えにより壮大なビジョンが解き放たれた。私たちが「さまざまなもののプログラムを組む」ことができさえすれば，何千年にもわたる哲学に終止符を打ち，知的な仲間に囲まれながら人間のありようを理解することができるのではないかと夢をふくらませたのだ。

　今，当時の威勢の良さを非難するのは簡単なことである。そのような「第一世代AI」システムはもろくて学習の役に立たないものであり，不確実さに対応することもできず，世界の荒々しく混沌とした状況にも対処できなかった。それでも成功した部分もあり，それにより現在一般的になっているeコマース，ナビゲーション・システム，ソーシャルメディアへの道が開かれた。しかし，長い年月がたってタスクが自動化されると，それほど多くの知能を必要とするようには見えなくなり，しだいに熱狂は冷めていった。

　そして再び興奮の波がやってくる。今度は第二次ブームのAI，すなわち「AIの春」である。ディープラーニングとそれに関連する統計手法は，想像を超えるデータ処理能力と大量のビッグデータに裏打ちされており，初期段階で達成していたことを超えるレベルの成果を上げている。専門家は興奮し，商業界は混乱し，マスコミは期待をして有頂天になった。だが不安もある。その結果として私たちの想像力は，AIに対する畏敬の念にそれほどとらえられているというわけではない。興奮は恐怖に取って代わられつつあるのだ。新登場の，おそらくエイリアンといってもいいようなAIが私たちの仕事や生活や世界を奪うことになるのではないか，と。

　私たちは本当に1970年代には想像することしかできなかった世界の最前線にいるのだろうか？　それとも，今いる段階もいずれは通過点に過ぎない

ものになるのか？　確かなことが一つある。それはさまざまな意見があるということだ。第二世代AIに関する声は，第一世代との比較とともにオンライン上にあふれている。そして新たな限界が見えてくるにつれて「汎用人工知能」(AGI)という最終目標を達成するために必要な第三世代AIが提案されるようになっている。確かに飛躍的な進歩があった。世界最先端の囲碁プログラム，実用的な機械翻訳，正確な画像認識は本当に素晴らしい。一流の科学者は近い将来にどんな規模の変動が起こりそうかについて真剣に考えている。不吉なことばかり予言する者や頑固な勝利者も同様である。

　だが，一流の科学者は50年前にも真剣に考えていた。

　何が起こっているのかを把握するには，それぞれの世代のAIが基礎としている存在論的，認識論的，実存的な前提を理解する必要がある。物事を歴史的に見ることは，最初の二段階におけるAIの能力，言外の意味，限界を判断し，第三段階の見通しを評価するのに役立つだろう。また，歴史的な分析によって，「手作りの記号表現」を基にした第一世代AI，「大規模なデータに対する統計的パターン照合」を基にした第二世代AIというような標準的な特性評価よりも確かな分析が可能になるだろう。それぞれの段階のAIの特性を見極めて将来を真剣に分析するには，さらに奥深い何かが必要である。両方のAI(およびその他の種類のAI)を含む統括的なアーキテクチャーの視点だけでなく，さらに幅広く，一方では知能とは何か，他方では世界とはいかなるものかに関する理解が必要なのだ。今こそマカロック[1]の言っていたことに目を向けるべきだ。つまり私たちが理解可能なものとしての世界とは何であり，世界を理解できるような私たちは何者なのか？

　三つの方法論的な準備が必要である。第一に，すでに指摘したように，人間と機械という観点から討論の枠組みを作らないということが不可欠である。そのような分類はつかみどころがなく，漠然としていて感情的だから問題であるというだけではない。さらに重要なのはイデオロギーと偏見を避けるために，独立した評価基準が必要だということである。現在のAIが持つのはいかなる種類の知能なのか，人間が持つのはいかなる種類の知能なのか，機械と人間の両方に当てはまるのはいかなる種類の知能なのかという問題について判断するには，「知能」やその「種類」について理解しなければならない。そのときの知能や種類に関する定義は，その定義を適用したいと思って

いる存在実体に関する循環定義（定義すべき概念を，これとほぼ同義の語や表現によって定義すること）にはならない形となっている必要がある。

　第二に，コンピューターサイエンス分野と隣接する分野の用語の違いにより起こりうる混乱を避けることが重要である。論理学，哲学，言語学，認識論におけるさまざまな古典的用語は，意思的な（表象的で意味のある）システムが有するさらに広い世界との関係を扱うべきものであるにもかかわらず，コンピューター用語においては，機械自体の領域内で因果関係を示す行動や仕組みに言及する際に転用されている。特に重要なのは，意味，意味論，参照，解釈である。「プログラムPの意味論」という表現を考えると良い。私を含め多くの人々は，この用語が示しているのはPと世界またはPと「関連がある」（つまり，Pのデータ構造が表わしており，Pが展開されて計算を実行している）タスク・ドメインとの関係だと理解するだろう。だが，コンピューターサイエンスを大いに取り込んできている「ブランケットメカニズム」と私が呼んでいるある一つの観点からすると，その表現はコンピューターシステム内でPが実行されたことによる振る舞いの結果を指すときに使用されている。つまり，コンピューターサイエンスでは，「意味論」という用語は，もはや人々を機械論的デバイスの境界線の外側へと連れ出すものではないのである。本書で私が懸念しているのは，そのような用語が従来指していた，まさに「現実世界へ」の関係についてである。したがって，ここではそのような用語を古典的な意味で使用し，混乱をきたす可能性がある点についてはわかるようにしておくこととしたい[2]。

　第三に，この問題は重要なものであるため，比較的一般性の高いレベルで問題に対処していくことが必要となる。基本的な論点としていくつかのものが挙げられる。知能とは何か？　知能の物理的な限界は何か？　知能への憧れを断念する可能性があるのであれば，限界線の上には何が立ちはだかっているのか？　そしてこれに関連して次のような疑問も浮かび上がる。私たちは今どこにいて，私たちのつくったものはどこにあるのか？　私たちは自然の進化の産物だけでなく，自分たちが考案したもの，そして結果としては人工知能が考案したものなど人間以外のさまざまな知能とともに，今後どのように暮らそうとしているのか，あるいはどのように暮らそうと考えるべきなのか？　合成[3]知能の開発は，人間の知能，私たちの自己意識，人間性の基

準にどのような影響を与えることになるのか，あるいは与えるべきなのか。

　実際的な問題もある。街で自動車を運転したり，レントゲン写真を解釈したり，住宅を建築したり，子供に勉強を教えたり，人種差別を発見したり，プロパガンダやフェイク・ニュースを計画したりするなど，さまざまなタスクを実行するためにはどのような種類の知能が必要なのだろうか？　どうすれば私たちは責任を持って特定の作業を人間，機械，プロセスのうちの適任者に割り振ることができるのだろうか？　生物，デバイス，コミュニティ，システム，政府の間で，どのような分業をすれば持続可能かつ公正かつ人道的なのだろうか？

　このような問題は未来を対象とするものであるが，これらに対処するためには，私たちは過去を把握しておく必要がある。

注釈

1. ウォーレン・マカロック，『What is a Number, that a Man May Know It, and a Man, that He May Know a Number?』, *General Semantics Bulletin*, 26/27（1960年）：7～18ページ

2. 自分が「プログラムを扱っている」のであって，意味論，参照，解釈などの用語は現在ではこのような内部の機械的な関係や動作を意味しているのだと理解していると，長年にわたって主張している計算機科学者は少なくない。だが，このような考え方により多くの問題が生じている。第一に，このような用語がもともと意味していたものを指し示す用語が必要である。再定義を受け入れるか，（さらにもっともらしく）混乱を避けようとしてこれらの言葉の使用を避けるとしたら，私が言いたいことについて話す方法がまったくなくなってしまうだろう。第二に，AI，計算，心，言語，思考の関係を理解するためには，用語のもともとの意味をとどめておく必要があると思っている。第三に，さらに科学的にも，計算自体の技術的な問題に対処するためには，もともとの意味をとどめておく必要があると思っている（私の近刊『*Computational Reflections*』を参照）。第四に，そして最も重要なこととして，ブランケットメカニズムはさらに幅の広い知識の探求に影響を与えると考えられるが，一般的に言ってブランケットメカニズムを支持することにはまったく興味がない。逆に，世界を完全に機械的に説明したり把握したりする潮流の高まりには服従しないことが重要だと思っている。以上のような理由により，用語を再定義したり別の目的のために再利用したりする動きに対して，私は抵抗したいと思っている。

3. 達成可能であれば，「合成」は「人工」より良い言葉である。

第2章　歴史

　古典的な第一世代のAIが記号表現を基にしていたのは偶然ではない。そのアプローチは、「古き良き人工知能」（GOFAI）というホーグランドの忘れがたい言葉[1]によって後世まで語り継がれることとなったが、もともとはおそらくはデカルト（1596～1650）に由来する次の四つの仮説 から生まれた。

　C1　知能の最も本質的な部分は「思考」であり、これは概していうと合理的な熟考を意味するものである。

　C2　思考の理想モデルは、（個別の単語と関連づけることのできる「はっきりとしていて確かな」概念に基づいた）「論理的推論」である。

　C3　「知覚」は、思考より下の階層に位置づけられるものであり、概念上、思考ほどの厳格さを求められるものではない[2]。

　C4　世界の中での「存在論」とは、後述のように「形式的」[3]であると考えられる、物事の特質と意義とを明確に関連づけて指し示す、個別的であるとともに適切に定義された中規模（メソスケール）の客体のことをいう。

　C1についていうと、AIが登場した当時、「知能」という用語にはそれほど特別な意味はなかった。当時のAI研究の目的は、直感的に「賢く」見える機械、つまり思考したり人間の合理性を模倣したり認知能力を証明したりすることのできる機械をただ構築することだけだった。そのときから現在まで、人間はAIによって実現させようとする精神活動の範囲を大幅に拡大してきた。その最も明らかな例はAIの主流研究に知覚、行動、分類という行為を組み込んだことであるが、それ以外にも感情、認知発達、主張と否定の性質などの研究も行われた。だが、当初、概念表現は所与のものとして把握されることが多く、全体的に見れば、論理学的な観点から思考や推論についての検討が行われていた。

　仮説C1～C4[4]は取り立てて計算と関係するものではない。これらの仮説

と計算とを結びつけるためには，19世紀から20世紀にかけて，ジョージ・ブール（1815～1864），チャールズ・サンダース・パース（1839～1914），ゴットロープ・フレーゲ（1848～1925）などによって進められた論理学の発展を基礎とするさらなる考察が必要であった。これらの議論についての理解が薄れてきたこと[5]，およびこれを確認しておくことで，すべての知能が直面しなければならない課題の枠組みを設定することができることから，ここで若干の説明をしておきたい。

　この考察は，表象と物質的な因果律の性質に関する基礎理論に基づいている。この考察は，「論理的思考」や「情報処理」を行うためには，次の四つの重要な特性を備えたシステムの構築が必要であると主張するものである。

　P1　このシステムは，科学的に説明可能な方法で機械的に「機能する」ものであり，私たちはそのようなデバイスを構築できる。不気味なものは何も必要ない。魔術的なあるいは神聖な「インスピレーション」も必要なければ，生命や魂の万能薬も必要ではないのだ。
　P2　このシステムの動作や構成要素[6]は「意味解釈」を補助する，つまり，（意味や表象といった）外界の事実や状況に関わるものとして理解されうるものである[7]。

　このような二つの特性から，コンピューターを理解するための二つの視点の間には隔たりがあることがわかる。すなわち，（ⅰ）第一の点は，あるものが「解釈されたもの」として理解されるとき，言い換えれば，表象が指し示している，世界に存在する「実体」の観点からみる場合，コンピューターは何を行っているのかという視点，（ⅱ）第二の点は，コンピューターは（解釈されていない）因果メカニズムとしてどのように機能するかという視点である。前者の例（コンピューターが解釈の名のもとで行うこと）には，多数の素因数の計算やアメリカの全州都を通る最短ルートの計算，選挙結果の予測，時計の読み方が含まれる。このような活動は，機械の内部で何が行われているのかといった観点ではなく，世界とは何であるか，あるいはどのようなものなのかという観点から記述されるものであり，機械の出力または動作の解釈[8]に基づくものである。政権崩壊を予測することは，政治についての

予測であって，（第一義的には）出力やデータ構造の特性についてのものではない。モントリオールがオタワの北にあるという情報は，世界の配置がどのようになっているのかと関係があるのであって，ビットやチャネル，大きさやシンボルと関係があるのではない。

　解釈という観点から知能を理解することはまったくありふれたことである[9]。「何を考えているのですか？」と聞かれたら，あなたは「私は○○を考えています」と答えるのが普通である。○○には解釈されていない因果パターンとしての自分の考えではなく，世界の説明が入る。（「私のコルチゾル値が 2.7 ％増加し，脳梁で起こった 107 回の神経発火によって情報を伝達しました。」[10]という人はほとんどいない。）

　原則 P1 および P2 は，論理の構造の基本であると考えられており，「形式的記号処理」計算の解釈の根底に置かれる考え方でもある。以下の二つの原則も論理と計算の両者に当てはまるが，最初の二つの原則ほどは一般的に強調も注目もされていない。

　P3　このシステムは，意味解釈の観点から規範的に評価または管理されている[11]。

　このシステムについて重要なこと（そのようなシステムが正しいか間違っているか，本物か偽物か，役に立つか立たないか）は，そのようなシステムによって表象されていると解釈されるものの評価と関係していなければならない。その方向にロケットを打ち上げた場合，最終的には土星に到達するというのは本当だろうか？　100 万未満の素数が 78,498 あるのは本当だろうか？　このレートで住宅ローンを支払うと完済するのに 87 年かかるのは本当だろうか？　アルゴリズムが誤解を招くような答えや間違った答えを出す場合，アルゴリズムがどれほど効率的であったとしても無意味である。

　四つ目のポイントは，理解するのが最も難しいが，形而上学的に見ると最も基本的なことである。それによりあらゆる形の知能に根本的な課題が提起される。知能というものはまさにこの問題を解決するために作り出されたのだとさえ言えるような問題がここから導かれるといっても過言ではない。私はそれを「有効性」という観点から組み立てていこうと思う。「物理的また

は機械的手段により実行できるもの」という意味である。数理モデル化により生じる複雑さをわきに置いて言えば，計算機科学は「有効計算可能性」というラベルのもとにこの「有効性」に関する研究を行っている。多くの微妙な点はあるが，この文脈では，この単語は「直接的因果関係」とほぼ同義の語として理解することができる[12]。

P4　一般的にいって，世界との意味的関係[13]（参照を含む）は「有効ではない」。

意味的関係の存在は，意味を表している物体または出来事（用語，単語，表象，データ構造，思考など）の側と，記号内容（シニフィエ）の実体（参照，表記，表象された実体，状態）の側のどちらにおいても，因果的に検出することはできない。たとえば，ある記号が何を表しているかは，その記号自体の調査や探索からは明らかにならない。ある物体に物理受光器を設置したとしても，その物体が記号による説明の対象であるのか，それとも思考を方向づけたものなのかを判別することはできない。「参照されたり表象されたり」することはまったくもって現実的な性質であるが（多くの場合，このことは非常に重要である），意志的な指示の矢印に沿って何らかの識別可能なエネルギーの波が移動しているわけではない。

　物理的な機器によって検知できる信号は何もないのである。たとえそれを認識したり発見したりすることはできなくても，アンドロメダの生物は今まさに私たちのことを考えているかもしれない。それと同様に，太陽の光が地球に届くまで8分かかるが，それを待たずに太陽を認識することは可能である。同様に，何かを参照すること（アバウトネス：記号とそれが指し示す対象との関連性）は，物理的な障害により妨害されることはない。私は鉛の金庫室に閉じ込められたとしても，ケンタウルス座アルファ星のことを考えることができる。私がその金庫室で「リノはロサンゼルスの東にある」と考えたとしても，そのような仮定が誤っている可能性は依然として消えるものではない[14]。

　参照と意味論の非有効性[15]は，表象と知能の性質の基礎となっており，存在論つまりそれを通じて私たちが世界を理解することになる客体とその特性

に対しても根本的な影響を与えている。因果的影響は空間的にも時間的にも局地的には弱まるものであるということは，すべての物理学において最も基本的な事実の結果である。宇宙が純粋に局地的な影響力の絡み合いであるという事実は，世界を理解しようとするすべてのシステムまたは生物に対して恐るべき難題を突き付けている。そのことは，システムも人間も機械も「気を付けて」見たり，サンプリングしたりするだけでは何が起こっているのかを判断することはできない（このことはロドニー・ブルックス（1954～）の有名な言葉「世界は，いまの状態が最高のモデルである」[16]の適用範囲を大幅に制限するものである）。重要なことの多く，人々が気にすることの多く，つまり過去や未来のすべてのこと，遠くにあるすべてのことだけでなく，近くにあるものについての膨大な数の事実も[17]直接検出することはできない。あるニュースが本当かどうか，外の椅子を中に移動する必要があるかどうか，もらったアドバイスに感謝するようになるかどうか，このようなことのいずれも，因果関係が無秩序に絡み合った問題領域においては単純に「読み取る」ことはできない。

　だが，これらを直接検出できないとしても，私たちが知的存在であるのであれば，遠方で何が起こっているのか，つまりドングリを保管した場所，肉食動物がその岩陰で待ち伏せしていること，その部屋を出たばかりの人は形而上学的に消滅したのではなくまだ存在していること，陽はまた明日昇るということを知る必要がある。私が仮定しているように，世界は全体として理解可能なものだと考えることが知能というものの性質の一部であるとすると，私たちは自分たちの近くにあるそのごくわずかな部分（$1/r2$ 時空間エンベロープ）としか有効に接触できていないのである。そのため，知能にとって最も重要なことは，近位にあるものを超えて何が起こっているのかを有効に理解することであると言えよう。さらに強い言い方をすれば，世界というものは有効に理解できる範囲を超えるものであることこそが，私たちにとっては推論が必要不可欠であるということの唯一の理由である。ピーター・フレデリック・ストローソン（1919～2006）が指摘したように，私たちは「世界が衰退していることではなく判断が失敗することを知る」必要がある[18]。

　有効に理解できる範囲を超えた世界と適切に向き合うにはどうすればいいだろうか？　　世界全体ではなくローカルで有効な構造やプロセスを利用す

ればいい。つまり世界を「表象すること」によって代替すればいいのだ。これは，本質的にいって，知能に関する形而上学的な要件である[19]。表象には次の二つの重要な特性があるという事実から，このことはP4（意味論の非有効性）に矛盾しないと言える。

（ⅰ）表象と末端にあるものあるいは直接的には有効に利用することができないもの（表象が表すもの）との間の意味関係は無効なものである。
（ⅱ）それにもかかわらず，表象は，因果的な近接の範囲内で，物理的変化と相互的な影響関係を持つ可能性がある。

「前方に交差点あり」と記された標識は，板の表面に描かれたインクの模様に過ぎないものの，独特なかたちで光を反射することで，網膜において信号を活性化することができ，それによって引き起こされた神経活動の結果としてブレーキを踏む行動を起こす。それと同時に，その標識が記号として機能する状況下では，標識は，角を曲がった先にある見えない場所の状況と（行動を規範的に制御するような形の）ある種の構造的関係に立つことができる。したがって，スピード違反の取締りが間もなく行われるだろうと考えることで，車両の接近を警官が察知できるようになる前に，つまり，レーダーの有効範囲に入る前にうまく減速することができるようになる。

　このような同調的な二つの特性をもった表象を使用することで，知能システムを物理的に実現できる（P1）。だが，有効な範囲を超えたものについてのそのような記号や考えを正しく価値があるものにするためには，そのような「すぐ手に届くところにある」ローカルで有効な構造やそれをもとにしたプロセスが，離れた「手の届かないところにあるもの」（非有効的に可能なもの）[20]の観点からつくられた規範によって管理されている必要がある。それを一文にするとすれば以下のようになる。

◆表象的要件
　世界に向けられたシステム，つまり世界に関する情報を考えたり表象したり処理したりするシステムの適切な機能は，機械操作（P1）に適用される規範的な基準（P3）によって管理される必要がある[21]。システムが表象してい

る，または推論している世界の状況および情勢の状況の観点からその基準は
つくられている。このような状況は，一般的な場合には有効（因果的）な範
囲内にはない（P4）。

　ここでいう規範は世界の観点から組み立てられており，またローカルメカ
ニズムを管理するものであるため，言い換えれば推論が適切または価値があ
るものであるために重要なのは，世界で何が起こっているかであるため，推
論システムとすべての知能はこれを尊重しなければならない。

　存在論への影響は直接的なものである。表象が遠隔的な基準（遠隔的で非
有効的にアクセスできる状態で定義された基準）を満たすことができるの
は，局所的で有効な特性が，それの代わりに機能することになる表象された
状況の特性に適切に対応[22]している場合だけである。したがって，理解可能
な世界というのは，ある程度の時間と距離にわたる相関関係を表すものであ
る必要がある[23]。特定の場所および時間では，因果的に有効な（つまり有効
な）煙の存在は，おそらく遠く離れたところで何かが燃えているという（潜
在的に観察不可能であるため，少なくとも潜在的に言えば因果的に有効では
ない）事実と確実に相関している場合しか，煙が火災の印であると認識する
ことはできない。現実があらゆる場面で独立したものであるとすれば，宇宙
はランダムで表象不可能なものとなり，知能は存在しなくなるだろう。それ
と同時に，世界は完全に相関しているわけでもない。もしそうだとすれば，
世界は固いクラッチに閉じ込められてしまい，表象，知能，生物は再び禁止
された状態となってしまうだろう[24]。私たちが理解できるあらゆるレベルで，

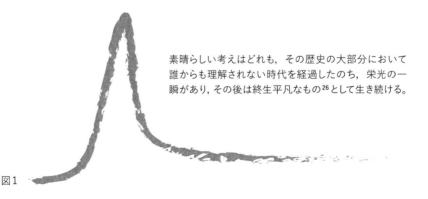

素晴らしい考えはどれも，その歴史の大部分において
誰からも理解されない時代を経過したのち，栄光の一
瞬があり，その後は終生平凡なもの[26]として生き続ける。

図1

世界は部分的に接続していたり切断されていたりする[25]に違いない。

そして，表象に必要な，したがって知能にとって必要なこの接続と切断のパターンにより，可能な存在論に対して条件が付けられることになる。人間の人格はその瞬間その瞬間の手足の方向によって決定されるものではないことは明らかである。すなわち，立ち上がったときにそれまであった人格が消えてなくなって，魔法のように新しい人が突然現れるということにはならないのである。もしそんなことがあるのであれば，つまり私たちの「人格」という概念が手足の向きに結びついているのだとすれば，あなたが存在しているかどうかを知ることは，まったくもって不可能なこととなってしまうだろう。実際のところ，（もしそうであれば）誰も[27]継続的なアイデンティティを持つことはまったくできないだろう。知能と呼ばれるものは客体を追跡してそれについて考える能力を備えていなければならない，というのは正確ではない。別の言葉でいうと，客体は遠く離れていても追跡することができ，また思考の対象となりうる現実の一部でなければならない，というのは正確ではない。

認識論が存在論を制限するのであって，その逆ではない[28]。

思考，知能および情報処理が基準P1 ～ P4を満たしていること，これが形式論理学と計算の背後にある基本的な考え方である。思考，知能，情報処理は人間が行うだけでなく，人間が構築した自動機械によっても行うことができるのは，20世紀の最初の数十年で驚くべき発見だった。このことはこれまでに明らかになっているので，本書ではほとんど言及していない（27ページの図1を参照のこと）。だが，この洞察は基本的なものであり，知能の可能性そのものの前提条件であり，真実ではないと想像することは不可能である。これにより形式論理学の研究が可能となり，コンピューター開発の端緒が開かれ，第一世代のAIシステムができ，知識を表象する言語の開発につながった。そして一般的には世界に向けられたコンピューターシステムを構築する方法に関する私たちの認識が形作られた。

このような一般的な洞察は，第二世代のAIの根底にもあるということについてはこのすぐ後に議論する。だが，これを機械で表象する方法についての最初のアイデア，つまりGOFAIあるいは第一世代のAIを支える概念（私は二つの用語を基本的に交換可能に使用する）は，最初に考えられていたも

のよりも限定的なものだった。 GOFAI時代では，これを実現する方法は，
命題形式で構成された離散的な記号またはデータ構造の相互接続ネットワー
クを構築し，これを同様に記号的なプログラムが規定するルールに沿って作
動させることであるのは明らかだと考えられていた。このような古典的な
「記号的」アーキテクチャは今でも電子カルテシステム，フェイスブックの
データベース，国税庁の計算システムなどといった主要なプログラムの基礎
となっている。 このような方法はすべてのプログラム（Microsoft Wordな
ど）で今でも使用されているという感覚もある。

• • •

　現代の想像力，特に第二世代のAIの成果に夢中になるような創造力から
してみれば，GOFAIや第二世代のAIの知的な基盤による1960年代や
1970年代の成果はそれほど印象的ではないかもしれない。だが，AI事業全
体を立ち上げただけでなく，実際には計算の発展全般も立ち上げるとともに，
その基盤となった考え方は依然として永続的で強力なものであるのを認識す
ることが重要である。 AIの領域の包括的マップを描く場合，これらに対し
ても適切で敬意のある位置づけを与える必要がある。

注釈

1. ジョン・ホーグランド *Artificial Intelligence:* The Very Idea (Cambridge, MA: MIT
Press, 1985), 112.
2. 知覚が単純なものであると誰もが信じていたのではない。 どちらかと言えば，おそら
く人間以外の動物から良い実例が得られていることがその理由であろうが，認識というも
のは実際の知能よりも下層に位置づけられるべきものであるのみならず，真の知能とは何
なのか，それはどのように生じたのか，単なる物理的なデバイスの中で思考を行うことは
可能なのかなどといった真の意味で根本的な問題と同程度の重要性までは備えていない，
あまり神秘的とは言えないものであると考えられていた（私たちが生物を認識していると
いうことは，二元論のための議論または私たちを構成する材料を疑う理由だと考えられた
ことはなかった）。
3. これは決して「形式的」という言葉の標準的な定義ではない。この用語はさまざまな使
い方がされていて，統語論，抽象，数学などの意味がある。ここでの提案の趣旨に沿った，
このようなすべての解釈の基礎となる一般的なスレッド，つまり形式を「手に負えなく
なった離散性」として根底で分析することについては，*On the Origin of Objects*の
324ページを参照のこと。

4. どちらかと言えば，計算とこのような知能モデルの関連は逆の方向に進んだ。自身の名を冠した機械に対するチューリングの提案は，論理学者としての知能の概念に基づいていた。

5. 現代のプログラマーは，のちに述べるような公式を認識していないかもしれないが，チューリングであればそんなことはごく普通だと思ったであろう。

6. 哲学者は，統合された全体としてのシステムの動作や主体性とその内部構成要素（データ構造，成分など）とを区別している。人間の場合，前者のような特性は人格的なものであると言われるのに対し，後者のような特性は亜人格的なものであると言われる。この区別を最も容易に理解できるのは，倫理的な問題においてである。ある人が行なったとてもひどい行動についてその人に責任を取らせることができるのにもかかわらず，彼の不正行為の原因が脳の異常な機能にあると神経科学者が言ったことを理由に，「悪いのは扁桃体だ！」というのは奇妙なことであろう。しかし，人間の場合であっても，人格的なものと亜人格的なものを注意深く区別するのは難しい。明らかに意味解釈の余地を持つ（実際のところ意味解釈という観点からしか理解できない）「記憶」というものは，心の構成要素なのだろうか，それとも外的（個人レベル）行動なのだろうか？

ここで議論されている判断力という概念に関する問題などを含めて，この区別が非常に重要な場面も存在する。なお，判断力が構成的または亜人格的（subpersonal）な部分の持つ能力ではなく，不可逆的に「個人的」または「全身的」な能力であることについては後述する。もっとも，この問題はここで展開しているAIの起源の話とは関係がない。

7. 第一章で述べたように，これは計算機科学における「意味論」とは意味が異なるものである。計算機科学ではこの用語は，プログラムまたはデータ構造の機械的に個別化された動作結果の名前として使用されるようになっている。詳細については，私の近刊『コンピューターのリフレクション』を参照のこと。もっと一般的には，計算が意味論的または意図的な現象であるという主張に対してはますます異議が唱えられている（グアルティエーロ・ピッチニーニ *Physical Computation: A Mechanistic Account,* Oxford: Oxford University Press, 2015を参照）。

8. 「解釈」は，計算機科学においては内部の機械的な読み込みを指す別の用語だが，ここでは，世界または意図的な主題に関係あるものとして，通常の英語の意味で使用している。

9. 実は知能だけが解釈のもとの知能である。「知的であること」というのは，解釈されていない因果的動作または機械的構成の説明ではない。

10. 意味解釈に関してはもっと伝えたいことがあるので後で詳述する。現時点では，（ジョン・サール（1932～）が中国語の部屋の例で推測しているように）解釈が任意に生じて思い付きで変更できるかどうか，（「記号接地問題」として知られているものにおいて）解釈が世界で固定されていたり，しっかりしているかどうか，意味論は「オリジナル」か「派生したもの」か（あるいはサールやホーグランドが議論しているように「本物」か「偽物」

か）どうかという問題は，少なくとも部分的には別々の問題だということだけ言っておくのは重要なことである。第7章の82 ～ 83ページを参照のこと。

11. 「規範的に評価される」と言っているが，「意味論」と同様に，「評価する」という用語は，計算機科学においては純粋に行動的な意味を持つようになっているが，それは従来の標準的な意味である価値，妥当性，正しいこと，真実と対立している。governedという語は，「因果的または機構的に制御されている」という意味ではなく，民主主義社会は「結局のところ尊敬と信頼で統治されている」または物理的な出来事は「自然の法則の影響を受けている」という意味に近い。

12. 技術的に言えば，「有効」とは高次の特性だと理解する必要がある。何かが物理的（因果的）な作業をするおかげでそのような特性を維持しているのだ。そうは言っても，計算機科学における有効性の概念と因果関係の古典的な扱いの関係は調査の正当な理由となる。特に，有効計算可能性の概念を純粋に抽象的に定義することはできないといったん認識された場合はそうだと思っている。拙著の Solving the Halting Problem, and Other Skullduggery in the Foundations of Computing の未発表原稿を参照のこと。

13. 意味的関係とは，記号（用語，名詞句，表象，説明，思考，データ構造など）とそれが示している（参照している，表示している，説明している，表象している，または関連している）ものとの関係という意味である。

14. 以下のような iPhone アプリについて学生には説明している。学生がそのアプリをつくることができれば，10億ドルを稼げることを「命をかけて！」保証する。アプリは以下のように機能するように記述されている——いったんアプリをスマートフォンにダウンロードして起動すると，誰かがその学生のことを考えるたびにスマートフォンが鳴る。

多くの学生は，熱心な機械論者であるので，少なくとも概念的にはそのようなアプリを確実につくることができると言っている。そのようなアプリをつくるためには，すべての人の脳を計測し，全員が考えていることをクラウドにアップロードし，ちょうどいいタイミングで対象者のスマートフォンに信号を送ればいいというのだ。だが，それは論点でも課題でもない。私が言いたいのは，ある瞬間に特定の人物のことが考えられているかどうかについては現時点では問題があるという事実だ。だが，その事実により物理的攪乱や「信号」がその人の向かうことにはならない。

私はそのことは心配していない。

15. 意味論は有効ではないと言っても，意味論的行為により因果関係で結果が生じる可能性があり，実際に因果関係で結果が生じることは否定していない。「食塩に手が届きますか？」という言葉は，食塩を手渡してもらうきっかけになるかもしれない。ガリレオは太陽中心説を擁護したことで，異端者としてのレッテルを貼られた。重要なのは，計画的行為には，そのような行為が関係している状況と有効な（因果関係のある）接触をする必要はない。

16. ロドニー・ブルックス, Intelligence Without Reason, MIT Artificial Intelligence Laboratory Memo 1293 (1991). このことをジョン・ホーグランドは「表象のない知能」と呼んでいるが, それについてはホーグランド編 *Mind Design II: Philosophy, Psychology, Artificial Intelligence* (Cambridge, MA: MIT Press, A Bradford Book, 1997)405ページにも出てくる。重要なのは, ブルックスの主張が間違っているということではなく, それはすぐ周りの状況に関してしか有用でないということである。

17. 有効ではない特性の例示を含んだ, そのようなすべての状況。

18. P．F．ストローソン, 『個体と主語』(メスエン, 1959年)。 同様に, 「私たちは自分たちの代わりに仮説が死ぬと考えている」というポパーの有名な格言がある。この格言は, 私たちの思考で意味論が及ぶ範囲と世界の因果関係が及ぶ範囲が一致しないからこそ筋が通る。

19. 近年では表象は, 認知科学および人文科学の多くの分野で広く非難されている。 このような反表象主義の感情は表象の概念の狭い部分に対する反対だが, それによって推論や知能とは何かについての最も深い洞察の一つが切り捨てられている。近接的で有効なものと規範的には妥当であるが物理的にみて遠隔的なものとの間の緊張関係を認めるために, 表象を象徴的にならざるをえないものとして扱う必要はなく, また素朴実在論への忠誠を誓ったり, 存在論が文化や慣習に依存することを否定したり, 認知活動がもっぱら合理的または審議的であると主張したり, 記号の構造と記号内容(シニフィエ：スイスの言語学者, ソシュールの用語。記号としての言語が持つ心理的な意味内容をさす)の構造(ウィトゲンシュタインが表象について論じた「写像理論(言語は世界を写し取ったものであるという考え方)」の一般的な解釈)またはその他多くの推定可能な悪のあいだの完全な一致を確認したりする必要もない。私がここで特性を明らかにしている表象は, 従来意図的または表象的だと分類されたものと同様に, 法律制定, フェミニスト, ポスト構造主義, 認知の生態学的観点の認識と関連がある。 私のRehabilitating Representation(ニューヨーク州立大学バッファロー校認知科学センター, 2008年春コロキウムで発表した未発表原稿)を参照のこと。

20. 健全性と完全性は, このような規範の特定のバージョンであり, 形式論理学に適用できる特定の仮定と制限に適合している。

21. 注11(p23)を参照のこと。

22.「適切な対応」には, そこで表象されているものとの関係で適切であると規範的に評価される行動につながる限りにおいて, 行動を制御する構造(またはそのような行動そのもの)が含まれうる。

23. 私は, 計算機科学と物理学で支持されている量的かつ非意味論的な情報概念を世界の相関関係の(ポスト存在論的な)尺度とみなしている。私はそのような相関関係のことを情報と呼ぶべきではないと思うが, その相関関係は間違いなく重要である。

24. 拙著 *On the Origin of Objects* 199 ～ 200 ページの「gear world」についての説明を参照のこと。

25. 自由度の観点からこの点について発言しようとする人もいるが，そのような方法には存在論が必要であり，存在論はこのような部分的な接続と切断の組み合わせに基づいているのであって，その逆ではない。だが，世界を認識可能なものとする自記や情報などにとって非常に重要なこの自由と相関関係の間の「バランス」について調査をすることには価値があるかもしれない。このバランスは，私たちが自記をする際に採用している抽象化作用を支配している構成要素である物理法則またはその他の要素に由来するものである。

26. 私は幼少の頃，父からこの言葉を聞いた。それが父のオリジナルなのか，私の知らない他の誰かの言葉の引用なのかはわからないが，父以外の情報源を特定することはできていない。

27. つまり，現在の存在論のなかで（自記スキーム，43 ～ 44 ページ）人として自記される空間と時間のワームはないということである。

28. 現実主義者は慌てる必要はない。重要なのは，認識論的または心理学的状態が何らかの形で魔法のように形而上学的の領域に浸透し，神秘的にそこに整合するということではない。また，単に自記の実行が世界における本物の活動であるというだけの話でもない（実際にはそうであるが）。むしろ，以下に述べるように，私たちの存在論的（あるいは私に言わせれば「自記」）スキームは，客体への認識論的なアクセスを支えるものでなければならない。つまり認識の結果として現れる「客体」を参照したり，それについて考えたりすることができるような方法で現実を解析する必要がある。言い換えれば，その自記について責任ある説明をなしうるもののみが客体たりうるのである。そう，客体は私たちの表象とは異なるのだ。だが，そのことは存在論と認識論が論理的に独立していることを意味しない（または要求しない）。

ここでは，「表象的要件」（26 ページ）の「管理」に沿って「制約」という言葉を使用している。

第3章　失敗

それにもかかわらず，GOFAIは失敗した。あるいは，いずれにしても失敗したと見なされている[1]。失敗は主に四つのタイプ[2]に分けられる。

F1 神経学的失敗：脳はGOFAIのようには機能しない。今日主流となっているCPUはどれも，そして従来のAIシステムはどれも，極端に速い速度（1秒あたり10の9乗のオーダー程度の処理）で機能する比較的少数の活動部分（1から数十のプログラム）で構成され，比較的深いレベルの推論または手続き型の入れ子構造のプロセスを行っている。私たちが知っている限りでは脳の機能はそれとは真逆である。脳の働きはその約5000万倍遅く，超並列処理からそのような能力が引き出されている[3]。

だが，このような低いレベルでの構造の違いが人間レベルの知能の達成と密接な関係があるかどうかは，簡単な問題ではない。その問いに答えるためには，私たち人間のような知能を持つためには何が必要か，人間以外の知能はどのようなものであるのか，脳が使用しているのはどのような戦略なのかなどを知る必要があるだろう。もっとも，GOFAIの衰退により，「ブレイン・スタイル」のコンピューターへの関心が新たに高まっている。今日の「ニューラルネットワーク」，ディープラーニングシステム，その他機械学習アーキテクチャがその例である[4]。

F2 知覚的失敗：GOFAI理論家の多くは，知覚（センサーからの知覚入力に基づく世界の認識または「構文解析」）は，「本物の知能」をシミュレーションまたは作成するよりも概念的に単純であろうと考えていた。結局のところ，デカルトの言う「単なる獣」はこれを得意としており，場合によっては人間よりもはるかに優れているのだ。さらに，世界は個別の特性をもった明確な客体から構想されているというGOFAI（C4，以下のF4も参照）の根底にある存在論的仮定によれば，知覚には，「そこにある」客体，それが有する特性，それが属しているタイプまたはカ

テゴリなどを特定するだけのものであろうと想定されていた。

　だが，そのような想定はうまく機能しなかった。現実世界を知覚することの難しさを認めることは，私たちが第一世代のAIでの経験により身に着けた深刻な謙虚さの一つだった。

　人間は初めてデジタルカメラをコンピューターに取り付けたとき驚愕した。だが，結局のところ，これは1970年代の初めのことである。フィルムの代わりに電子機器を使用するという考えが広がったばかりだった（衛星に関しては1961年だった。最初のデジタルカメラが市場に投入されたのは1975年のことだった。そのころにはGOFAIが君臨する時代は終わりに近づいていた）。人々が驚いたのはなぜか？　センサーを通して入ってきたものは混沌としていたからである。世界は単純な客体が簡素に配置されてできているという考え方は，5億年の進化にわたって磨きをかけられた，100兆を超える相互接続部分を持った1000億のニューロンデバイスで作動している，絶妙で敏感に微調整された知覚装

図2　オットー・ロウ，2018年

置を通して私たちの意識に届けられていた結果であることが明らかになった。図2は，アーティスト[5]がワークショップで撮った簡単な写真のように見えるかもしれない。図3は，このアーティストが世界は実際にはどのようなものであると思っているかを人間の（視覚のある）観察者に伝えるために，過去に作成したレンダリングである。つまり，この図は人間による知覚処理の前の世界が大まかにいうとどのように見えるか，人間による知覚処理の後に把握できる画像である。

　デカルトは決して馬鹿ではなかった。デカルトによる合理性に関する基準は，一般に評価されているよりはるかに高いものであった。だが，デカルトは外に生えている木を見ることができることに対してそれほど感動していなかったことが歴史から示唆されている。

F3 認識論的失敗：GOFAIモデルの思考や知能は，それに先行する論理推論のモデルの合理的で明確な継承者として位置づけられる。私たち

図3　アダム・ロウ，CR29，「電話付きスタジオ」，1993年[6]

はさまざまな個人的または社会的プロジェクトに組み込まれ，また巻き込まれているわけであるが，多くの状況において知識をより正確に描写するならば，それは，このようなプロジェクトに「投入される」際の巧みな対処またはナビゲーションの一つである。このことは，ドレイファスが主張し，多くの認知評論家が強調してきたところである[7]。彼らの主張によれば，無意識的な背景，つまり言葉で言い表すことのできない知識と感覚の地平から現れるのは，平易に説明可能な一連の手続きに依拠することというよりもむしろ「思考」することなのである。

F4 **存在論的失敗**：知覚に関する誤解，そしておそらく思考に関する誤解も，第一世代のAIのはるかに深刻な失敗の本質，すなわちすでにC4で言及した，世界はよく整理され存在論的にも区分された個々の客体に分かれているという仮説を露呈させるものである。実際のところ，本書の主要理論の一つは，第一世代のAIにおける世界の誤解が，第一世代のAIが最終的には不十分だったことを説明する「動かぬ証拠」だというものである。第6章では，第二世代のAIの成功は，形式的な存在論が知能の基礎としても，世界が実際にどのようなものであるかのモデルとしても，不適切であることの証拠だと解釈できる[8]。

以上の4タイプの中で，F4の存在論の問題は最も痛いところをついている。存在論の問題は，知覚的および認識論的な問題の根底にあるだけでなく，第二世代のAIが，特に知覚レベルで世界の解釈に向けてある程度進歩したのはいかにしてか，またなぜか，理解することが可能になる。

特に以下の三つの点が関連している。

一つ目は，GOFAIシステム自体がそれを理解しているとは言えないとしても，GOFAIの設計者はほとんど反対しないと思われる一般論である。この点は，認識論的には（志向性と関係があるものとして）組み立てられているものの，根底に存在する存在論的な事実に依拠しているものである。「さまざまな『説明のレベル』で」と言われることがあるように，さまざまな方法で世界を説明または概念化できることは，広く受け入れられている。現実そのものは，少なくともあらゆる実用的な目的との関係で，非常に豊かなも

のであると想定されており，存在論的な「解析」では部分的な情報しか得ることができない。表象，説明，モデルなどはすべて，抽象化または理想化によって世界を解釈したり描写したりフィルターにかけたりするものであるが，そこにおいては，概念的な「枠組み」によって，表象されるものが持ついくつかの側面が強調されたり誇張されるとともに，その他の要素が弱められ（あるいは歪められ）たり，また，世界の中に存在しうる，限りなく微細な物事が無視されたり捨象されたりしているのである[9]。

このようなありふれたことは，論理的に構成された記号が用いられる場面

非概念的内容

「非概念的内容」とは，「私たちの考えや判断は，たとえ一般的な方法に基づき，また真偽を判別できるものであったとしても，明確な概念の個別的な集合として（私たちの心で）構成されていないことがありうる」という，慎重に考えてみると明白になる事実を説明するために使用される哲学用語である。古典的な例には，自転車に乗る速度，自己中心的な個人空間内に置かれたものの位置づけ，色合いなどがある。その概念についての初期の理論家エイドリアン・カシンズが，スピード違反でバイクを止められたとき，「どのくらいの速度で走っていたか知っているか」という警官の質問に対して，「ある点については『イエス』，別の点については『ノー』です」と答えたことで有名である（個人的なコミュニケーション）。エヴァンス（MITセミナー，1978年）は研究室で仕事をしているときに背後から近づく足音についての報告をしている。エヴァンスは，ある意味では，足音のする位置をこの上なく正確に知っていたが，その位置を誰もが共有する概念を使って――つまり何フィート先で角度でいうと何度のところにあるかなどを正確に説明することはまったくできなかった（ギャレス・エヴァンス，『指示の諸相』[10]5ページを参照）。それと同様に，テニスのセカンドサーブがうまくいっていない場合，職場のコピー機から印刷物が何枚か出てくるまでの速度でボールを打てばいいかというふうに助言したとしても，たいした助けにはならないだろう。

において最も容易に見て取ることができる。論理的に例示されているような命題構造（述語，論理積，論理和，否定，含意，数量化など）だけでなく，コンピューター支援設計（CAD）システム，建築設計図，データベースなどで使用される，あらかじめ設定された物品の量や種類，特性などによって世界を特徴づける表現形式がここに含まれる。

　だが，このことはほとんどのアナログ表現（表象された領域，すなわち典型的には解決すべき問題領域における連続的な量を，記号的手段において連続的に変化する実数値を使って表す表現）にも当てはまる。このような場合の性質の相互の対応は通常，さらに高い抽象度で個別なものであると想定されているからである[11]。

　第二の点も従来から認識論的に組み立てられている。F4で述べたように，多くの分野の理論家は，人間の理解はすべて「概念」の形をとっているわけではないという事実を強調している。この点は現象論的理論からすればよく知られていたものであるが，同様の考え方は，エナクティヴィズム，コネクショニズム，ディープラーニングなど認知科学における現代のさまざまな流

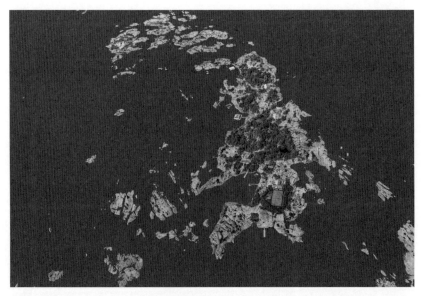

図4[12]

れを支えている。これと同様の考え方については，「非概念的な内容」(39
ページのコラム)という概念に関する哲学的分析の中で研究されてきた。こ
のようなアプローチは，知能というものを，無意識的な背景すなわち前述し
た暗黙知やセンスメイキングといった言葉では言い表すことのできない領域
との対比の中で，登場したものと捉えられている点で一致している。

　このような観点は，これまで挙げてきた知覚に関するポイントとともに，
私が他の場所で概略を説明してきた存在論の世界観を間接的に支えるもので
ある[13]。図4～6は，その内容を暗に示すものである。図4は，オンタリオ
州のジョージア湾にある島々の写真である。前述のように，現実の世界の地
形図は，GOFAIが想定した，決まりきった存在論によっては自記すること
ができていないことがわかる。図5[14]は，GOFAIの知識表現　を思わせる方
法で「画像を整理」したものである。具体的には，(データベースなどの)概
念モデルのすべてが最終的に想定しているような方法で，依然として比較的
詳細に描かれているが，島を「はっきりと明確に」していて，内部的にも均
質にしているのであり，「島がいくつあるか」という質問には，図5を見れ

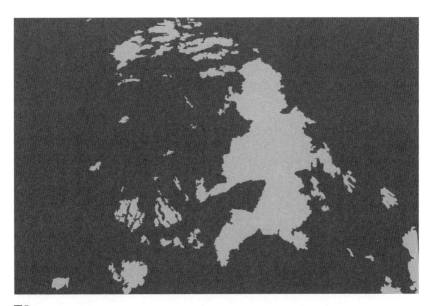

図5

ば明確に答えることができるかもしれないが，図4で描かれている世界では
そのようにはいかない。現実の度合いが増していくにつれ，明確さは失われ
ていくのである。世界それ自体においては，その質問に対する明確な答えは
存在しないのである。

　だが，事態をさらに物語っているのは下の図6である。これは図4と同様
の写真であるが，今度は海底地形がそこに示されている。世界の乱雑さと比
較すると，たとえば水深は明らかに一次元的に示され，水線の輪郭は比較的
はっきりとしており，画像はグレースケールであるなど，依然として画像は
単純である。それにもかかわらず，画像の中の島々を現実の島々の特性の相
似形とみなすならば，すぐに明確さは無制限に増していくのである。

　言い換えれば，私たちが持つ概念とそれが表す特性は別々のものに見える
かもしれないが，GOFAIの失敗とGOFAIに対する批判の要点からは，
「はっきりとして明確な」世界という考えは，世界を表象する方法の帰結で
あるということが示唆される。AIシステムが現実世界で機能するためには，
このシステムにより，ありのままの姿で現実世界を把握しなければならない

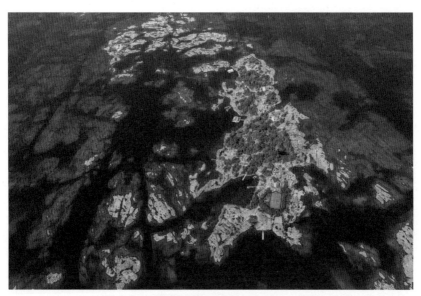

図6　ポール・ベネット・フォトグラフィー

というのがAIにとっての問題なのであって，人間による現実世界の把握方法，すなわち人間の思考や言語が現実世界をそれとして表象する方法を解明すること自体は問題ではない。そして，統合システムの構築と世界におけるその展開に関する経験が増えていくことにより，「概念のレベルの下」，つまり概念的な表象が表す客体や性質というレベルの下で，世界そのものが恣意的ではるかに統合的で結合した詳細に満ちたものとして存在していると考えられるようになってくる。私たちの概念には時として曖昧または不明確な境界があるというだけではなく，以上のような事実は，世界というものがそれ自体として明確なものではないことを教えているのである（元気いっぱいの子供は手に負えない子供——または騒々しいCEO——と同じなのか違うのか？　カナダで最も高い山を登っていて，到達したばかりのその山頂から100メートル離れた場所に別の最高地点がある場合，そこにも行く必要があるのか？「霧」はどこで終わり，どこで始まるのか？　現実は私たちにこのような問いに対する答えを教えてくれない。「はっきりとして明確な」答えが必要なのであれば，そのような答えを与えてくれる概念的なスキームを採用する必要がある）。

　このような洞察はAIに対して何をもたらすのだろうか？　言い換えれば，図6で示唆されているように，現実世界の本質が並外れて豊富な差異の充満であり，知能のある生物は自らの目的に適合した方法で存在論的にこれを「解析」しているのだと認識することで，何が導かれるのだろうか？

　技術面での影響については，第5章で説明することになる。全体として言えば，このことが意味しているのは，「個別的で理解可能な中規模の客体から世界は構成されているという認識は，知能の活動の最先端の成果であり，所与の前提ではない」という過去50年間における最も奥が深い知的成果の一つをAIが理解しなければならないということなのであり，そのためには，社会構造論や量子力学，心理学，文化的多様性に関する人類学的研究のようなさまざまな分野に参加することが必要だということである。AIには客体や特性，関係性とともに，それらを通じて生物が世界を理解可能なものとして認識する能力について説明する必要がある。AIはこれらを前提とすることができない[15]。

　前述のような[16]，私たちが世界を「自記する」方法，そして自らの計画や

実践を支援するために世界を存在論的に理解する方法は，知能に課せられた最も重要なタスクであると私は考えている。後の章でさらに詳しく説明しているように，適切な自記の方法の開発には，単に「感覚に到達したものを取り込むこと」だけではなく，（至難の業ではあるが）世界に存在しているものに対して責任を持って全体的かつ統合された概念を開発することも含まれている。ここでの問題は，単に目下の計画に部分的に適した形で世界に「適合する」自記方法[17]を見つけることなのではなく，自記方法により必然的に無害とは言えない理想化が生じることになるという事実を厳粛に受け止めることができるのかということである。世界を自記するということは，境界線を刻み込み，個性を確立し，いくつかの規則には他のものより特権を与え[18]，細かな点には目をつむり，一般的な理想化を強要し，世界がもつ豊かさの基

常識

　GOFAIの存在論的推定，自記が繊細であることに対する無理解，世界の豊かさに対する不十分な認識が，常識に関する悲惨な自記の主な理由だと私は考えている。この点での初期の失敗の悪名高い例としては，感染を治すために腎臓を沸騰させることを示唆するシステムや，シボレーの赤い斑点の原因ははしかによるものだとするシステムなどがある[a]。

　この種の問題点への最初の対応は二つに分けられるがCYCプロジェクト[b]で取り上げられたものが最も有名である。すなわち，まず最初に百科事典に載っている一般的な知識を論理的な記号を使ってすべて体系化し，次に，それでは不十分であることがわかった場合，百科事典に載ってない一般的な知識をすべて記号化するのである。そのようなプロジェクトや第一世代のAIのさらに広範な「常識推論」プログラムは，今でもいくつかの領域では研究されているが，常識推論の基礎となるモデルとしてはほとんど姿を消している。これらは，検索エンジンでのクエリに対する短い回答を整理して提供するグーグルの「ナレッジグラフ」のような構造のなかで現存してはいる。だが，そのような検索結果は，人間の知能による解釈を抜粋したものであり，機械そのものの知能の基礎となるものではない[c]。

注釈

a. ハミド・アケビア, *Artificial Dreams*（Cambridge: Cambridge University Press, 2008）, 96-97.

b. このプロジェクトの活動はhttp://www.cyc.comを参照のこと。

c. 私の The Owl and the Electric Encyclopaedia, *Artificial Intelligence* 47（1991）: 251-288を参照のこと。

礎にある連続性に対して不可避的に一定量の暴力を振るうことなのだ。GOFAIプロジェクトでは想像もされていなかった，このような自己に対する管理や説明責任のプロセスは，知能にとって本質的なことである[19]。

• • •

GOFAIは認知について誤った理解に立脚しているということができるが，先の議論で明らかなように，さらに深刻な問題は，GOFAIが世界についても誤解していることだと私は確信している。なぜ誤解してしまったのか？ AIシステムの世界との関わりに関するすべての議論を混乱させる繊細さを考慮に入れるならば，一つのことが言えるだろう。

世界についての二つの「見方」または自記法は，AIシステムだけでなく，実際には，人間を含むすべての意志的なシステムの設計または分析と関連している。一つ目は，設計者や理論家が採用している自記法である。彼らはこれに基づいてシステムを構築し，この枠組みの中でシステムを展開し，これを通してシステムや生物を分析ししている。設計者や理論家によって自記されたものとしての世界は，システムにとって理解可能なものであり，システムはこれに対処し適切に活動するものであると彼らは期待している。二つ目は，システムそのものによる世界の自記法であり，おそらくは，これを基礎としながらシステムは自らの方法で動作し，世界に対処することになる。この二つの自記法が必ずしも合致すると言える理由はない。

46〜48のページのコラムでさらに詳しく説明するように，このことはGOFAIが世界について誤解してしまった理由を暗に示している。第一世代のAIとGOFAIは，知能システムの構築という彼らの主題に対して，形式的に把握された因果的または機械的な構成要素の観点から分析するという技

術科学的な態度[20]をとっていたこと，また，第一世代のAIとGOFAIは自記という現象をまったく扱っていなかったことから，知能というものはそれ自体が世界に対して技術科学的な態度をとるシステムにおいて構築されうると単純に考えられていた。

　だが，そのようにうまくいかなかったのである。

理論家 vs 主題の自記

　意志的なシステムを理論化するときに生じる問題は，（i）問題になっているシステムが目指している理論家による世界の自記と，（ii）そのシステムが世界を理解可能にしている観点からの世界の自記との関係である。Tを理論家，Sを検討中のシステム，Wを世界またはタスク領域としよう。Tが単純な実在論者であり，Wを単に「ありのまま」であると見なすのであれば，Tに関する問題は単純である。TはW，または少なくともSが扱っているその側面を「正しく」特徴付け，Sも同じように世界を扱っているし，また扱うべきであると考えることができる。

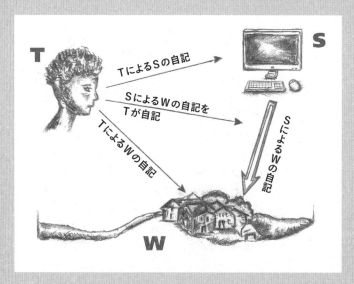

　だが，AIだけでなく世界や，さらに一般的に言うと意志的な存在を衡平に扱うためにはそうしなければならないのであるが，自記というも

のについて真剣に受け止めるのであれば，Ｓの自記がＴの自記と一致すると，Ｔが推定することは，せいぜい先取り的な思い込みであり，最悪の場合は誤りともなりうるものであろう。Ｔの記録は，Ｓの活動の非意味論的側面に関しては適切な場合があるかもしれない。つまり，Ｗに対するＳの因果的相互作用を理解するという点で適切な場合があるというのである（ただし，このような因果的相互作用がＳの意志的な記録と一致する必要がある場合であって，Ｓの計画的行動の達成条件として機能しているような場合は除く）。たとえば，認知行動に関する動的システムの説明でよく知られている特徴は，主体と世界の関係を動的システム理論で必要な微分方程式の形で理論化する能力である。

　だが，ＳとＷの間の意志的または意味的な関係になると，前のページの図に示しているように，状況はさらに複雑になる。これについては，（ⅰ）いかにしてＴがＷを自記するか，（ⅱ）いかにしてＳがＷを自記するか，（ⅲ）いかにしてＳによるＷの自記をＴが自記するか（関連する）三つの問題が浮上してくる。

　本書は，このような自記を一致させたり適切に調整したりする手段に関する詳しい技術分析に取り組む場所ではないが，若干のコメントを記すことは許されよう。第一に，ＴとＳの自記が一致する限りでは，このことが問題になることはほとんどない。ＴとＳの自記が一致しない場合，問題はさらに困難になるが，これは外国の文化や外来種を理解することと同様である。Ｔがいかにコミットしたとしても，ＳがＷをどのように自記するのをＴが必然的に「把握」できるだろうと仮定する理由はない。

　人間の知能を理解することは前者の場合の例であろうことから，簡単だと想像する人もいるかもしれないが，そこでこそ本文で述べられた問題が前面に出てくる。Ｔが科学的または技術的な理論を用いてＳやＳの意志性さらにはＳが世界を知覚して思考する方法などを明らかにしようとする場合，ＴによるＷの自記は必然的に科学的なものとなる，言い換えれば，はっきりと定義された属性を示し，明確な関連性の中で位置づけられた個別の客体という形式的な存在論の観点を通じてＷは取り

扱われる可能性が高い。だが，Sが科学者である場合をTが理論化しない限り，TによるWの科学的な記録とSによる非科学的な記録は，別々になる可能性が高い。

このような議論は，第一世代のAIとGOFAIが「存在論について誤っていた」のではないかと考えられる一つの理由を示している。GOFAIが全体として記録を理解していなかったのだと考えれば，基礎的な知能はGOFAI研究者のWに対する科学的または技術的な態度によって作り出せるという暗黙の推定が存在していたことを容易に理解できる。あるいは，GOFAIが（オントロジー（存在論）的に）失敗したのは，GOFAIは自らが基礎とする理論的態度をSに投影したからかもしれない。

私は，それを *On the Origin of Objects* で説明した形而上学的な立場の結果であると考えている。そのような立場に基づいて，敬意に値するような説明可能な自記はできない。

注釈

1. GOFAIは見捨てられなかった。これを受け継いだ研究は続けられている。第7章では，GOFAIが今後の進歩に不可欠な問題に取り組んでいることについての議論をする。だが，GOFAIは，「いかにして知能は働くか」についての想像力を欠いている。そのため，GOFAIは認知科学や神経科学では極めて過小に評価されている。AIについての考え方の中心が機械学習やその他の第二次ブームのAIにシフトしてきた。そして，ここで私が議論するように，当初の仮定（C1-C4）の多くは，知能の一般的なモデルとしては受け入れられないものであった。

2. このような類型は，おおむねドレイファスの名著『コンピューターには何ができないか —哲学的人工知能批判』（1972年，産業図書）のパートIIを基にしている。

3. フェルドマンの『100ステップのルール』として知られていること（Jerome Feldman and Dana Ballard, "Connectionist Models and their Properties," *Cognitive Science* 6, no. 3, 1982, 20）によれば，脳に1秒未満で多くの認知作業をする能力が脳にあると仮定すると，驚いたことに脳は最大で1秒当たり連続100ステップの計算ができる。

4. 神経から着想を得たアーキテクチャには長い歴史があり，マカロックまでさかのぼる。たとえば，初期の意味論的ネットワークに見られるように，すべての超並列アーキテクチャ

が神経から着想を得て生じたわけではないが，AIについての議論の注目の中心がシリアル
アーキテクチャから超並列ネットワークに移行したことは間違いない。

5. ファクトゥム・アルテ（http://www.factum-arte.com）のアダム・ロウ。

6. エイドリアン・クシンズのコレクション。拙著 *On the Origin of Objects* の第10章
でこの画像を使用した。

7. 例として以下の著書が挙げられる。ジョセフ・ワイゼンバウム『コンピューター・パワー
人工知能と人間の理性』（1979年，サイマル出版会）；ルーシー・サッチマン『プランと状
況的行為：人間—機械コミュニケーションの可能性』（1999年，産業図書）；ウンベルト・
マトゥラーナ，フランシスコ・バレーラ『オートポイエーシス：生命システムとは何か』
（1991年，国文社）；テリー・ウィノグラード，フェルナンド・フローレス『コンピューター
と認知を理解する — 人工知能の限界と新しい設計理念』（1989年，産業図書）；エレノア・
ロッシュ，フランシスコ・ヴァレラ，エヴァン・トンプソン『身体化された心—仏教思想
からのエナクティブ・アプローチ』（2001年，工作舎）；Evan Thompson and
Francisco Varela, "Radical Embodiment: Neural Dynamics and Consciousness,"
Trends in Cognitive Sciences 5, no. 10 (2001): 418–425; Daniel Hutto,
"Knowing What? Radical Versus Conservative Enactivism," *Phenomenology
and the Cognitive Sciences* 4, no. 4 (2005): 389–405.

8. 第7章では，GOFAIの長所を維持するには，それが形式的な存在論の観点から見て適
切に特徴付けられた世界の観点から理解することができるものであり，またそのような世
界に対して独自に適用できるという推測からその洞察を引き出すことが必要であることに
ついて書いている。

9. 哲学に関心のある読者の中には，そのような呼称に異議を唱える者や，少なくとも「損
失が生じることのない」客体，つまり，そのものとしての客体であって，それゆえに概念
的な枠組みの網にかからないものについて言及する者もいるだろう。後に詳述するが差し
当たり，このような主張は，客体が客体として把握されることを免れた客体（明確な同一
性条件を備えている）である場合にのみ当てはまるのであろうということ，そして私は賛
成しないが，これが標準的な現実主義の立場であろうということを記しておきたい。*On
the Origin of Objects* を参照のこと。

10. エヴァンスは，概念的な問題についてのこの考えを，「一般性条件」と呼んでいるもの
に結び付けている（Gareth Evans, *Varieties of Reference*, Oxford: Oxford Uni-
versity Press, 1982, 100–105）。：この条件とは，あるシステムに，「a＝f」という表
象または「考え」を受け入れさせるためには，そのシステムが，他の客体を表す用語であ
るb，cなどに関する「b＝f」，「c＝f」などの考えや，他の特性（類型について適切に制
限を行う）を表す述語g，hなどに関する「a＝g」，「a＝h」という考えなどを受け入れる必
要があるというものである。これは，39ページのコラムに記載されている非概念的な特

性を引き受ける概念的な感覚である。*Mind and World*（Cambridge, MA: Harvard University Press, 1996）の第3回講義のマクダウェル批判とは違う。

11. アナログコンピューターが示しているように，個別の特性と関係の観点から状況を説明することは，そのような特性の値が個別である必要があるという意味ではない。従来の物理学における微分法の使用は，任意の速度，加速度，または質量を実数で測定できる場合でも，完全に概念的である。重要なのは，速度，質量などの特性が個別だということである。それは高次の個別の分類で表現できるかもしれないが，「質量と電荷の中間」のようなものはない（John Haugeland, "Analog and Analog," *Philosophical Topics 12*, no. 1, 1981, 213-225）。

12. 図6にマスキング処理したバージョン。 42ページ。

13. *On the Origin of Objects*

14. 図5は，構造としては単純なものである。この図を作成するために使用されるフィルターは，特にきめが細かいものではない。たとえば，デジタルGISシステムで現在行われているように，全体的に詳細な点についてエンコードした画像を作成することもできる。だが，概念的な点は残ることになるだろう。どんな（第一次ブームのAIの）知識表現構造も，はっきりと定義された特定のレベルの細かさで定式化されている。この表象は，世界を特定のレベルの細かさで「個別化する」ものである。図5には，あらゆる概念表現と同様に，島がいくつあるか，正確には境界がどこに指定されているかなどについて明確な事実が含まれている。そのような事実を明らかにするために必要な限度を超えて細かく画像を描写することを学んだとしても，その島々のことをさらによく知ることにはつながらないだろう。（これは，ドレツキが「アナログ」に対立するものとして，「デジタル」表現という言葉により標準的な形ではないが示しているものである。ドレツキの*Knowledge and the Flow of Information. Cambridge*, MA: MIT Press 1981, 135-141.）を参照のこと。同じことは（アナログであっても）写真の場合に当てはまるという者もいるだろう。なぜなら写真のフィルムは極めて細かいものだからである。だが，重要なのは「同じ」ということはこのような画像が表象する現実には当てはまらないということだ。世界そのものの詳細さは恣意的なものである。

15. 存在論は，これを哲学用語として位置付けるために，自然化されることを必要としている。

16. *On the Origin of Objects*およびRehabilitating Representation"（discussed in chapter 2, page 15. note 18）.を参照

17. このプロセスは，適切な「説明のレベル」または「抽象化のレベル」（時には「粗視化」ということもある）の識別と言われることがあるが，「レベル」という隠喩が誤解を招いているかもしれない。

18. つまり，規則性と記録されている形而上学の論拠。

19. この問題を想像することができなかったことと，そのためにこのような問題に対処することができなかったことが，GOFAIが共通感覚について進歩を遂げることができなかった主な理由であると思う。44ページのコラムを参照のこと。

20. たとえば，モデル化されたシステムで使用されるような自明な世界像（日常的な客体の世界）に対立するものであって，セラーズが「科学的」世界像（分子と原子の世界）と呼んでいるものを通してそれを分析すること。

第4章　展開

　このようにしてGOFAIは失敗した。その後，1980年頃から，さまざまな新しいアプローチが定着した。そのうちの一つは，次章で検討するものであるが，焦点を「下方」に移して脳や脳型の計算アーキテクチャを検討したのだ。これは，機械学習と第二世代のAIにおいて，ものすごい速さでAIが受容されていく際の基礎となった構造的アプローチである。このようなアプローチは，現在では間違いなく認知科学の世界で最も重要な分野となった，認知神経科学の急激な成長と並行して発展した。このような二つのプロジェクトはともに，現在，AIと認知科学双方における知的想像力を惹きつけるものとなっている。

　だが，第二世代のAIが定着する以前には，これとは異なる四つの「広がりのある」アプローチ（4E）に注目が向けられていた。

　「身体性認知」——身体性を真剣に受け止めること。
　「環境に埋め込まれた認知」——文脈や周囲の状況を真剣に受け止めること。
　「拡張した認知」——心は脳あるいは脳と身体の中だけに存在するのではなく，環境の中にまで拡張されているのではないかと考えること（私たちは，個人的にも社会的にも，環境が一種の「認知の足場」として機能するように，これを調整したり構築したりしているのである）。
　「行為に基づく認知」——生身の行動や関わり合いから思考を切り離さないこと。

　身体性認知の理論は，問題となっている生き物の全身（手足，胴体など）について検討したり，主体の活動を知能と（たとえば，知覚や操縦における）認知能力にとっての不可欠の構成要素であると考えたりするだけでなく，脳や（熱，エネルギー使用などといった）処理ユニットの物理的特性と限界にも焦点を当てている。
　このようなアプローチは，「AIの冬」として知られるようになる1980年代と1990年代に最も精力的に提唱された。なお，「AIの冬」という言葉は，

GOFAIの発展が頓挫したことと無関係ではないものの，AIの資金調達環境が不振だったことを表しており，この言葉自体は知能に関する研究の発達速度に関するものではない。この四つの理論は主に認知科学の分野で提唱されていたものであるが，AIの分野でもある程度注目されるようになり，支持を獲得し続けている。このような理論それ自体は，ソフトウェア工学の分野ではこれまで受け入れられてこなかったが，明確な表現が与えられれば，コンピュータの「身体」とはCPUや直接接続されたメモリ，また少なくとも「ローカルなマシン」のようなものだと理解される限りにおいて，この分野の研究者からも指示されうるものであろう。確かに，（たとえば，幅広く宣伝されている「モノのインターネット（IoT）」のような）計算機インフラが世界的に成長し，ネットワークを急速に拡大させている状況の中に，これらの理論の総合的な意義が表れている。

人間の知能が身体化され，環境に埋め込まれ，（多少なりとも）拡張され，行為に基づく（ことが多い）ことや，このような四つの理論はどれも認知科学における重要な考慮事項であることには私も同意する。だが GOFAIの失敗は，これらの問題への対処の失敗よりも深刻な理由によるものだと考えられる。

要するに，その理由は三つある。一つ目の理由はすでに述べたもので，GOFAIが形式的存在論を支持できないほど硬直的に捉えていたことである。二つ目の理由は，先に（P4で）挙げた意味論の観点と関係がある。すなわち，参照や記号といった世界との間での意味論的な関係は有効なものではないので，総体的なメカニズムの観点から「見る」ことはできないということである。三つ目の理由は，私たちの思考や表現，情報が世界についてのものであると理解することに大きな重要性を認識できなかったことに由来する。私たちは，世界の状況，すなわち世界とは何であるのか，また世界に存在し，世界に迎えられる存在に対して物事を説明可能な状態にするというのはどういうことなのかを理解する必要があるのだ。

第5章　機械学習

　それでは，現在のこと，つまり第二次ブームのAIと結びついているディープ・ラーニングとそれと関連する機械学習（ML）技術まで話を進めよう[1]。これらのシステムでは，GOFAIに見られた第一および第二の問題点（神経学的・知覚的）についての確実な進展が見られ，また，依然として完全に解消されたとまでは決して言えないものの，間違いなく第三と第四の問題点（存在論と認識論）についての取り組みも開始されている。

　MLは基本的には次に示すような一連の統計技術である。

1. パターンを統計的に分類・予測する
2. （多くの場合，たくさんの）サンプル・データに基づいている
3. 相互に接続した構造を持つ処理装置を使用する
4. 処理装置を多層に配置する

　このような技術を採用している構成は，神経レベルにおける脳の構造と形

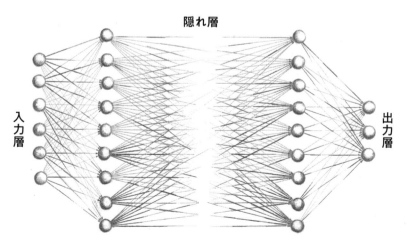

図7　サンドラ・ダニロビッチ

態が似たものであることから，「ニューラルネットワーク」という名でよく知られている。図7はこの技術を説明する際によく用いられる方法を示すものであるが，現代の機械学習を理解するためには，次の四つの事実を考慮する必要がある。

D1 **相関関係**：これまで見てきたように，第一次ブームのAI（GOFAI）システムがつくられたのは，所与のものとして仮定された形式的存在論の観点から，客体，特性および関係性を表す形式的な象徴として提供された，象徴的な意味でつながりのある個別の命題の結論を考慮し，精査するためだった。このモデルにおいて，合理性や知能[2]は，適度な量の情報を用いて，わずかな強相関関数（60ページのコラム）の観点から構築された，一つまたは少数のスレッドで構成され，連続的なプロセスとしておこなわれる深層的で多層的な推論を行うものとして位置付けられていた。否定（￢），論理積（∧），論理和（∨），含意（⊃）などの一般的な論理結合子や，手順および分類定義などは，100％の正の相関と負の相関を表すための諸形式だと理解することができる。このモデルは，形式的存在論についての古典的な仮定，とりわけデカルトが強く欲求した「明晰判明な観念」という前提のもとで理解されるものである。

　60ページのコラムで示しているように，現代の機械学習は基本的にこれとは反対の立場をとっている。現代の機械学習は，大量の情報を扱う超並列マシン（MPP）が実行する浅い（数ステップの）推論で構成されており，非常に多くの弱い相関を持った変数を含んでいる。また，現代の機械学習はそのような相関関係の「結果を探求する」のではなく，入力と出力の間の写像を学習したり再現したりすることを強みにしている。写像とは機械の因果パターン（つまり，解釈されない機械パターニング）と関連のあるものなのか，それとも世界構造の複雑な表象（つまり，解釈される機械パターニング）として理解したほうがいいものなのかという問題は，検討する必要がある。起こりうる重要な状況は表象されている対象の観点から常に理解されているにもかかわらず，ほとんどの文献は機械的構成の観点から議論しているようである。

　「顔認識」と呼ばれているものは，機械学習（ML）の成功例として大

きくもてはやされている。だが，「認識」という用語は，演算システム
において無批判的に用いられている他の多くの用語と同様に，何が起
こっているのかをかなり過大評価している。よりうまく説明するならば，
MLシステムは，（ⅰ）顔の画像と（ⅱ）その画像の顔を持つ人物に結び付
けられた名前またはその他の情報との間の写像を学習しているのであ
る。私たち人間は，通常，人物とその名前を知っていれば，ある人物の
写真がいかなる名前の人物の写真であるかを認識することなどができる
ので，システムを使用しても，ある写真が誰の写真であるかを「認識す
る」ことができるのである[3]。

　慎重さを期すために，システムそのものが理解または保持していると
考えられる用語以外で，行動または構造の意味解釈に基づくものと考え
られる一般的なコンピューターに用いている用語には，引用符（「
および 」）を付けることにする。したがって，顔画像「認識」，アルゴリ
ズムによる「意思決定」などと表記する（おそらく，7＋13の合計を「演算
する」とでも言ったほうが良いかもしれないが，それについてはまた別
の機会に述べることにする）。

D2 **学習**：おそらくMLシステムの最も重要な特性は訓練できるという
ことである。MLシステムは，ベイズ推定やその他の形の統計的推定の
使用により，AIの至高の目標であり私が「学習」と呼ぶものを実現でき
るようになった。この点は，古典的な第一次ブームのAIの時代にはそ
の能力はおろか，そのような発想すらもなかったのである。

　訓練が可能なMLシステムを実現させるためには，いくつかの構造上
の事実が不可欠である。構造的には高次元の実数値ベクトルで表され，
比較的低レベルではあるが非常に豊富な探索空間の複雑さを備えたML
システムは，十分な計算馬力（表記出力）（以下のD4を参照）を持ち合
わせることで，低次元空間[4]では失敗していたであろう最適化と探索の
戦略（特に山登り法）を使用することができる。それと同様に重要なの
は，適切なレベルで抽象化が行われているのであれば，相関的な空間を
個別に分けなくてもいいということである。これにより，状態と状態の
間において徐々にではあるが着実な遷移が可能となる。これは，依然と

して「はっきりとして明確」なままである概念とは認識論的に反対のものである[5]。

　比喩的に言えば，このような過程は，第3章の図6（42ページ）に描かれている海底地形において連続的に動き回っている状態であると考えることができる。これにより，私たちのような言語的な意味での観察者が「概念的に見て個別の島」と捉えるものとして「水面上に浮かび上がる」ことができるというこれらの地形の持つ能力はずっと分かりやすいものとなる。このことは，概念的なものと非概念的なものとの境界がはっきりしているということではない。岩礁が露出したものを島と呼ぶかどうか，言い換えれば，それが「概念的な」高さに達しているかどうかは，明確な答えが示される可能性は低い。従来の哲学では，そのような質問は曖昧なものであると言われるが，そのような決めつけはほぼ完全に不適切であると思う。つまり外的世界とこのような高次元におけるその表象の双方において現れる現実とは，はっきりとして明確な観念によって理想化された世界の中で，「効率的に」捉えることができるものよりもはるかに豊かで詳細なものなのである（図6に示された海底の位相について曖昧なものは何もない。これは，単に既存の概念的な説明を超えるものであるというだけである）。

　D3 **ビッグデータ**：訓練が完了すると，機械学習システムはそれほど複雑でない入力に対応できる。（多くの場合かなりの量であるが，性能の高いデジタルカメラで撮られた一枚の画像にも何メガバイトものデータが使用されている）。だが，このようなシステムを訓練するには，少なくとも現在の技術水準であれば，さらに非常に多くのデータが必要である。これが，機械学習が「ポストビッグデータ」としての技術である理由だ。訓練には，圧倒的な量の詳細な情報の中から統計的な規則性を抽出することで，大量のデータを分類，選別，およびセグメント化するアルゴリズムが必要である[6]。

　D4 **演算能力**：訓練のアルゴリズムは，驚異的な量の演算能力を必要とする可能性がある[7]。現在使用されている一部のシステムの中には，そ

れぞれがギガヘルツの速度で数千の並列スレッドを処理できるような
GPU（ビデオカード）を，一度に最大で数千も用いた並列処理能力が採
用されているものもある。

　最後の二つのポイントは歴史的に重要である。ジェフリー・ヒントン
（1947～）が述べたように[8]，この二つは，第一次ブームのAIは真の知能を
つくることができるほど機能が高くなったという考えに冷水を投げかけたこ
とで有名な（悪名の高い），1973年のライトヒル報告[9]が示した実質的な真
実を反映している。その基礎にある発想だけでなく，当時利用可能であった
演算能力も前提にすると，第一次ブームのAIは確かに消える運命にあった。
GOFAIの開発を行っていた，部屋を埋め尽くす数百万ドルもするコン
ピューター[10]は，現代の携帯電話の100万分の1未満の処理能力しかなかっ
た。現在用いられている一式の並列処理ビデオカードは，さらに数百または
数千の追加的な要素によってその能力を拡張することができる。
　だが，AIは進歩している。さまざまなアイデア，大量の収集データ，根
本的に改良されたハードウェアを使用して，機械学習が出している結果は本
当に素晴らしいものである。リカレントネットワーク，深層強化ネットワーク，
その他のアーキテクチャは，時間を処理したり，プロセスの後の段階のフィー
ドバックを前の段階に戻したりするために開発されている。機械「翻訳」[11]，
X線の「読み取り」，画像の削除された部分の補充などといった新しい成果が
毎日のように発表されている。確かにAI研究者は，50年前よりも興奮して
いて楽観的である。急かしているのはマスコミだけではない。私も，AIの発
展が社会の本質と私たちの自己理解に深遠な変化をもたらしたと思っている。
　そのことは，私たちが考えることをAIが理解したということだろうかと
いうと，私はそうは思わない。

GOFAI vs 機械学習

　GOFAIと機械学習の違いを理解する最も簡易な方法は，五つの概念軸での対立状況を確認することである。

GOFAI

　（1）比較的少数の（2）強い相関を伴う変数を含んだ，（3）適度な量の情報を使用した（4）連続的処理過程によってなされる（5）深い（多くの段階を踏んだ）推論

機械学習

　（1）非常に多数の（2）弱い相関を伴う変数を含んだ，（3）大量の情報を使用した（4）超並列マシン（MPP）によってなされる（5）浅い（数ステップの）推論

注釈

1.「機械学習（machine learning）」という言葉は第一次AIブームで使われていたものであるが，ここでは現代的な意味合いで，その言葉の「ML」という略語を使うことにする。つまり，これはディープ・ラーニングのアルゴリズムだけではなく，深層強化学習，畳み込みニューラルネットワーク，およびそれ以外の複雑な形のグラフに関する統計的計算などの技術をも含むものなのである。

特にディープ・ラーニングに関しては，Yann LeCun, Yoshua Bengio, and Geoffrey Hinton, "Deep Learning," *Nature 521,* no. 7553 (2015): 436–444.を参照のこと。

2. もしくは，思考または認識。前述したようにその時点では区別がつけられていなかった。

3. そのような能力がカメラに組み込まれている場合，少なくともカメラが実在の人物とその人物に関する他の情報との間のマッピングを計算していると主張する人がいるかもしれない。だが，システムがその他の（表象された）情報と関連があるのは，視界の中の人物なのか，それともカメラのデジタルセンサーに映し出された表象なのか，というのはやっかいな問題である。第6章，注5（73ページ）の敵対的な事例の議論を参照のこと。

4. 探索空間の次元数が高ければ高いほど（つまり独立変数の数が多ければ多いほど），山登り法のアルゴリズム（局所的に，最も険しい上り坂のある方向に移動する戦略）が極大値に到達する可能性は低くなる。

5. 特定の個別事実をあからさまな形で過度に追加したり削除したりする以外に，デカルトモデルを信念または概念の意味の段階的な変化に対して対応させる方法が明らかにされな

かった。非単調推論の伝統や信念の改訂や維持など，GOFAIの想定の範囲内で行われた努力は評価できる。例としてはJon Doyle, "A Truth Maintenance System," *Artificial Intelligence 12*, no. 3 (1979): 231-272; and Peter Gärdenfors, ed., Belief Revision (Cambridge: Cambridge University Press, 2003)を参照のこと。だが，依然として学習が第一次ブームのAIのアキレス腱であったと言ってもいいだろう。

6. 人間も大規模な初期訓練を必要としていると言い換えることもできる。これは，幼少期は人間にとって長い訓練の期間であり，この期間を通じてその後の認識と処理に必要な初期の事前確率を設定していると言えるという考えである。

7. このことは，本書の執筆時点で使用している人に特に当てはまる。

8. Geoffrey Hinton, personal communication, 2018.

9. James Lighthill, "Artificial Intelligence: A General Survey" in Artificial *Intelligence: A Paper Symposium*, Science Research Council, 1973

10. 主にディジタル・イクイップメント・コーポレーションのPDP6およびPDP10。

11. グーグル翻訳は，二つの言語が類似していて，類似の記録が可能な場合に特に優れた能力を発揮する。このような類似性が失われるにつれて，次第に能力を発揮しなくなる。

第6章　評価

　機械学習と第二世代のAIは，GOFAIに対する四つの批判にどの程度適切に対応しているか？

6a・神経学的批判

　神経学的批判に対しては十分に対応できているかもしれない。現代の機械学習アーキテクチャは，低レベルの神経組織について私たちの知見を参考に，ある程度脳の模倣をしている。もっとも，第3章で示唆したように，そのアーキテクチャが類似していることが重要であるかどうかは明らかではない。第一に，私たちの脳の一般的な神経構成が認識能力にとって重要であると仮定するのは時期尚早であろう。なぜなら，このような神経構成はあらゆる高等哺乳類に共通のものだからである。現在のアーキテクチャが模倣しているのはそれだけである。第二に，多くのプログラマーが認識しているように，ある種のアーキテクチャを別のアーキテクチャの上に実装することは簡単であるが，かなりの手間がかかることである。低レベルの神経回路のアーキテクチャマッピングの次元で進化の影響が存在している可能性は低いにもかかわらず，（これまでのところ）人間だけが持っている特有の能力，さらに高いレベルの論理的な思考形式を獲得しようと目論んでいる見解は依然としてある。この能力は脳の全体的な神経構造だけが作り上げた訳ではない可能性が高いだろう。第三に，私たちの脳のように機能することが一般的な知能への唯一または最良のルートであるかどうか，誰も知らないという事実がある[1]。

　それにもかかわらず，MLアーキテクチャの並列性，そしておそらく確率のネットワークを処理する統計的能力は，おそらく特に知覚レベルで永続的な重要性を持ってくる可能性がある（もっとも，神経学的に，現実的なものはすべて低速でなければならないと考えれば[2]，MLシステムが現在訓練に多くの演算能力を使用していることは皮肉なことである）。

6b・知覚的批判

　知覚的批判に関しても，MLシステムはより適切な対応ができているよう

に思われる。たとえば，顔「認識」というタスクでの素晴らしい功績は明らかである。また，いつものことであるがそこでの教訓は構造論的であるのと同様に存在論的なものでもある。現時点での最も深い理解によると，人の顔を際立たせているのは，いくつかの際立った特徴の存在ではなく，全体にわたって存在する多くの複雑で弱い相関関係，つまりMLアーキテクチャが利用するのに適した特徴であるということが判明している[3]。一般に，さまざまな場面の視覚的な「認識」や，レントゲンの「読み取り」，音声認証などのこれに関連するタスクは，明らかにMLが最も得意とするタイプのタスクである[4]。このような領域での成功は，第二世代のAIの威力が人々を興奮させてきた本質的な部分である。

　それでも，このような結果のみから大胆な結論を引き出すのはやはり時期尚早であろう。この点は今日のML画像認識アルゴリズムの多くは，人間にとっては提示された画像の些細な変化として感じられるものを認識できない可能性があるという一つの例から見ても明らかであろう[5]。次章では，このようなことが起こる理由の一つを挙げる。

6c・存在論的批判

　存在論的批判[6]に関しては，さらに一筋縄にはいかない問題が存在している（のちに認識論的批評についても考慮する）。機械学習は特定の存在論的な立場に与しているわけではないので，間接的な結論しか導き出すことができない。また，すでに述べたように，第二世代のAIについての議論は通常「解釈がなされていない」内部構成（重要性や作動する力，変化などのパターン）に焦点が当てられており，その結果，そのような構成が表している世界の性質についてどのような想定がなされているのか（この点に関してはそれぞれの研究者が異なる見解を有していることは明らかである）がわかりにくくなっている。さらに，この分野の研究は絶え間なく進行しているため，分析の対象となるML自体が不確定なものとなっている。それでも，第二世代のAIの成功は，存在論的批判と，第3章で紹介した形而上学的批判の両方を裏付ける証拠となっているということは時期尚早ではない。

　機械学習が形式的存在論の限界を最も明らかに克服し，第3章の図6（42ページ）で示した「前概念的」な領域に注意を払っていることが明らかにな

るのは，知覚と行動の領域においてである。低レベルのセンサーから直接取得したデータ（ビジュアル・ピクセル，ハプティック・シグナルなど）が入力される際にも，MLシステムはGOFAIで達成したレベルから大幅にグレードアップし，人間の性能と競合するレベルまで達した。これは，さまざまな複雑さや微妙さの「コード化」を可能にするための漸進的な調整と，訓練や十分な高次元性を想定した連続的で重要性の高い形式などを含む多くの要因によって可能になるものである[7]。結果として生じるシステムは，中間的なケースで失敗することがなく，ノイズの多いデータに適合することができ，また，あいまいな状況に直面しても安定している（そしてもちろん，訓練が可能である）という点で，特に素晴らしい。——これらの能力はすべて，初期の入力値を分類または離散化する必要がないという事実に基づいている。

　現代のシステムがなし得たことの一つは，単にこれらのシステムが前概念的で豊富な詳細に向けられていたことに由来しているだけでなく，それらが最初に提示されたときにそこに注意を向けるのみならず，それを保存して作業する能力，とりわけそこから導き出された大量の情報を活性化ネットワークの中で調整された重要性へと統合する能力にも由来している。このような膨大な量の詳細を取り込む能力は，いくつかの知覚タスクの力において重要な役割を果たしており，人工知能が人間の能力以上のことを実現可能なものとするうえで不可欠である。

　私たちの視覚システムも，突然提示されたものについて，驚異的な量の低レベルの視覚データを処理できるように思われるが，入力された情報との効果的な結合が失われた場合に，それと全く同じような能力を保持できると想像するのは難しい。だが，いかにして脳が機能するかについては，現段階でも未知のことが多いことを前提とすると，人間の情報保持について明確なことを言うのは困難である。たとえば，アーティストや視覚を重視する人々は，しばらく会っていない人物の顔や個々のシーンに対して驚くべき認識能力を発揮する。これは非概念的なだけでなく，情報密度の高い記憶や予測構造の存在を示唆する機能である。

　それでも，AIだけでなく認知科学や哲学にとっても非常に重要な点において，人間の場合，知覚の役割は知覚情報という非常に複雑なものを取り入れて，その「概念的解析」すなわち馴染みのある（そして有効な）存在論的カ

テゴリの観点から整理され，その基礎にある膨大な量の詳細が取り除かれた「そこにある」ものの概念的解析を出力することであると一般的に想定されている。つまり知覚情報が分類されると，特にGOFAIモデル，そして多くの（特に分析的）哲学における精神モデルでは，知能システムは，その抽象的な分類につながった詳細を捨て去ることはできる，または，その時点以降の合理性は，純粋にカテゴリの観点から（つまり，純粋に文，命題，または明確にフレーム化されたデータ構造の観点から）機能しうると想定している。この仮定は，人間が行う分類が少なくとも部分的には情報の過負荷を回避するための手法であるという一般的な話に当てはまる。これは，脳の容量を圧迫しないようにするための抽象化である[8]。また，これから説明するように，「はっきりとして明確な」アイデアに対するデカルトの欲求の根底にある発想でもある。

　第二世代のAIの成功は，論理的思考がそのように機能する必要はなく，人間の論理的思考もAIのように機能していない可能性があることを示唆している。

　分類に関する従来の「詳細の捨象」アプローチから離れる一つの方法は，カテゴリ化を完全に避けることである。私たち人間はさまざまな運転手を「慎重」，「乱暴」，「良い」，「せっかち」と分類するかもしれないが，たとえば，無人の自動車は個別のカテゴリや分割を完全に回避し，これまでの観察で遭遇したあらゆる自動車の行動を追跡し，そのデータをアップロードしてオンラインで共有すること，つまり人間や概念的に把握できるものをはるかに超えるすべての車とドライバーのプロファイルの集合的な開発に参加することを優先するかもしれない。あるいは，別のケースを例にとると，トロントを拠点とするスタートアップ企業ブルードット[9]は，航空会社の年間数十億の旅程を含む世界中の旅程を収集し，感染症の世界的な広がりの追跡と予測を支援している。従来の疫学は個別のカテゴリまたは特性（中年男性，がん患者，虐待生存者など）を基礎としているが，MLシステムが個々のあらゆるカルテを追跡し，非常に多次元の実数のベクトルのみを処理することを妨げる技術的な理由は何もない。データを区分化する明確な必要性はないのだ。「個別化された」医療，個人のDNA配列を記載したカルテなどの約束は，同様に「カテゴリの裏側に入り込み」，素晴らしい効果をもたらすだ

ろう[10]。

　また，ネットワークが何かを人間，交差点，政治紛争，戦争地帯などと「分類」したとしても，古典的な形でこれを行う必要はない。このようなアーキテクチャでは，概念的なカテゴリを「選択」する際に，システムがその結果につながる一連の詳細，つまり分類の選択についての正当な理由に関する情報を提供したり，言葉で言い表せない陰影や変調を反映したり，その他の概念（隣接する島々）などを関連付けたりする詳細を捨て去る必要はない。実際，そのシステムが何かを分類したというその主張はまさに，重要性と活性化のパターンが「人間」や「戦争地帯」などといった個別のラベルと関連のある「領域内」に位置付けられるものであるという外部観察者としての私たちの側の意見にすぎないかもしれない。人間が用いるカテゴリに相当する個別の特徴や単語を出力しなければならないなどといったシステムが個別の選択肢の中から困難な選択[11]をする必要がある場合を除いて，システムが何かを分類したかどうかの区別でさえも明確である必要はない。

　また，単純な論理的思考の場合についてのMLシステムの成功により，潜在的な存在論の観点から導き出された統計的な詳細や相関関係を維持すること，またそれを使って作業するが，（その理由についての論理的思考を少なくとも部分的に非概念的にしている）かなりの推論力をもたらしうることが明らかになっている。ビッグデータが大きくもてはやされている時代に活力を与えているのは，まさにそのような能力である。現代にみられる革新的な点は，概念的に表現される莫大な事実にアクセスできるようになったことだけではなく，相関関係を追跡し，膨大な統計学的詳細の中からパターンを特定する能力により，予測力と分析力を備えたコンピューターシステムが開発されたことである。これにより，様々な関係性のパターンを少数の概念形式に強制的に適合する必要はなくなったのである。

　第二世代のAIの成功に関するこのような事実のいずれも，存在論的に見れば決定的なものではないし，世界のあり方についてゆるぎない証拠を提供するものは何もない。だが，このようなシステムが成功すればするほど，明確な概念と個別の客体を介して世界を解釈する（つまり，形式的な存在論のレンズを介して解釈する）際に用いられる「粗視化」という手法は，事前にはっきりとしている世界の離散化への対応というよりも，計算，論理

的思考，または口頭のコミュニケーションという目的のために用いられる情報削減戦略であるという議論に説得力が出てくる。私たちは世界が存在論的に離散しているように話すかもしれない。そして，私たちは自分たちがそのように考えていると信じているかもしれない。だが，そのような直感[12]は，私たちの表現が基礎としている暗黙的で直観的な思考パターン[13]や，根底に横たわる存在論的な事実というよりも，言語や表現が持つ分離したり組み合わさったりする性質を反映しているものであるということができそうである。

　要するに，第二世代のAIに直面すると，「理解とははっきりとして明確な考えに基づいている必要がある」というデカルトの考えは全くの誤りであるかのように思われるのである。MLアーキテクチャの成功により，統計的関連性が非常に豊かで，言葉では表現することが不可能であると考えられるような織物が世界を織り込んで「概念化以前の」全体へと統合していることが示唆されている[14]。これこそが，知能によって把握しなければならない世界なのである。

• • •

　いつものように，現在の最先端技術からそのような存在論的教訓を引き出す際には注意が必要である。

　一つ目の注意点は，通常，MLアルゴリズムに入力されるデータはすでに処理されたものであり，その限りで「概念化」されているという点である。具体的には，個別の短い選択肢のリストから選択された性別，さまざまな形式の一次元な数量として測定される経験，私たち人間が「交差点」と分類するもののところにある交通の動画，事前に分類された方向から差し込む光の強度などがそこに含まれる。表面的にはMLシステムが世界を前概念または非概念のレベルで扱っているように見えたとしても，実は，そこに人間による概念化が忍び込む方法は数多くある。つまり，明確な非概念的な詳細を伴わない方法がある。

　このようなすべての分類や因数（実際には，そのようなシステムの訓練に用いられるすべてのデータセット）について，その起源，適切性，バイアスなどの吟味を行う必要がある。MLシステムに人間や植物の画像に関するピクセルレベルの詳細が与えられている場合には，ある植物が低木なのか木なのか，あるいは人の肌の色が褐色なのか白色なのかについて，二分「決定」を行う必

要はないだろう。だが，観察者である人間が明確にタグ付けをした画像のデータベースを使って訓練している場合，未分類の複雑さや未評価の曖昧さの痕跡はおそらく失われ，「知らず知らずのうちに」システムが先入観や偏見の派生パターンに陥ってしまう可能性がある。たとえば，Twitterや Facebook，あるいはこれらと同様の情報源から得られたデータを入力した場合，MLシステムは，人種差別，公的な場での辱め，フェイクニュースなどのパターンをそのまま再現し，平然としている。

　もちろん私たち人間も自らが参加している会話の影響を受けているが，人間の場合はMLシステムではまだ実行できていない方法で，そのような情報源に対して批判的または懐疑的な態度を取ることが期待できる。そのような反射的な批評スキルは，これまでになく洗練された第二世代の技術からであっても，生じることはないと私が言っているものである。むしろ，反射的な批評スキルは私が完全な判断と呼んでいるものを必要とするであろう[15]。

　第二世代のAIの成功を解釈する際に注意が必要な二番目の理由は，MLシステムが入力された明白な情報を人間が作り出し，人間にとって有用であると考えられるカテゴリに分類することにますます専念しているという事実から生じている。MLシステムが私たち人間の作り出したカテゴリと適合するように設計されている限り，たとえMLシステムが概念化されていない詳細を保持できたとしても，そのようなカテゴリの関心，効用，および先入観が取り入れられたり，その影響を受けたりすることになる。上述のように，個別のカテゴリ分類として出力がなされる場合，または分類の性質に関する古典的な神話に基づいてシステムが設計されている場合，その基礎にある詳細の豊富さ，したがって，そのような分類の起源や適切性に関する微妙さは失われる可能性がある。

　三番目の注意事項は，現在緊急性の高いトピックに関するものである。MLシステムに行動の「説明」を求める声の高まりは，ひどく不合理なものである可能性があるのである。システムに求められている「説明」能力は極めて高度なものだろう。なぜなら，そのような能力は，ユーザーがシステムの行動理由を今すぐ知りたいと考える際に依拠している概念自体の使用から生まれるものではないからである。つまり「自己説明型」または「解釈可能な」ニューラルネットワークの開発というプレッシャーにより，気が付かないう

ちに性能が低下し，二元的または個別的なカテゴリへの根拠のない依存や，形式的な存在論への暗黙または明白な依存へと突き進む可能性がある。言い換えれば，GOFAIが採用していた不完全な認識論および存在論へと逆戻りする可能性がある。

　私たちはこれらのことから何を考えたらいいのだろうか。現在の研究状況は混沌としていて，明確な結論を出すのは難しいが，二つの存在論的教訓を引き出すことができると思う。

1. 個別的な客体に基づいた「形式的な」存在論の従来の仮定は，機械学習やその他の第二世代のAI技術の前提条件ではない。それどころか，MLシステム，特に知覚的タスクの成功は，別の状況を示唆している。つまり，世界は信じられないほどの豊かさで満ちており，明確な概念表現として表される客体，特性および関係といった馴染みのある存在論の世界は，世界のあり方それ自体ではなく，「比較的高いレベルで抽象化された世界」である可能性が非常に高いということである。

2. MLの能力の多くは，相関関係を追跡し，そのような高レベルの存在論と概念としての自記の枠組みが構築される分類レベルの「もと」で（つまり，そこで捕捉されるものよりもはるかに細かい詳細の観点から）予測を行う能力に由来している。

3. MLシステムの対象が，通常は概念的に構造化された方法で人間が存在論的に準備した（人間を対象とする）領域となることが増えているという事実は，必然的にこのようなシステムが，人間が採用するアプローチの威力と限界という本来検討されるべき重要な要素の両方をそのまま継承することになるという結果をもたらす。この要因が，広く論じられている（しかし不適切に記述されている）「アルゴリズム・バイアス」という現象を引き起こしている[16]。

　第3章で述べたように，数年前[17]，世界に存在する客体，特性，その他の存在論的な事物が，世界の所与の構造ではなく，自記の実践の結果として認

識されるものであるような世界像について概説したことがある。この世界像は、GOFAIの失敗と機械学習の成功の両方を理解するうえで役立つ。そこで描かれているのは驚くほどに詳細で複雑な世界であり、認識主体は、それについて話したり考えたり、自らの計画を実行したりするために、これを自記（理解、概念化、分類）しているのである。最も重要なのは、この見方は、（実際の世界としての）世界のほとんどが有効なアクセスの範囲を超えており、その複雑性ゆえに、必然的にその十分な詳細のほとんどの部分から切り離された、つながりのない意味論的表象を必要としているという事実を深刻に受け止めるという観点から徹頭徹尾展開されているということである。このことは、相対的により遠位にある状況の理解の可能性と最も関連するものとしての概念的な能力と、すぐ近くにあるものの膨大な詳細の把握のために特に適切なものとしての非概念的な能力の両者を兼ね備えた世界像を導くものである。この点について私は別の文脈で次のように指摘した[18]。

「私は、客体、特性、関係性（つまり、概念的、物質的な存在論）を、意図的で規範的な生活における長距離トラックや州間高速道路システムのようなものとして考えることがある。これらは、人生の全体的な統合にとって紛れもなく不可欠なものであり、資源の有限性を考慮するならば、私たちが幅広くて無制限な経験の領域を単一でまとまりのある客観的な世界へと統合するために不可欠のものであると言える。これに対して、長距離の移動や運搬のために物品を梱包するということは、特定の人物の本来の生活に付随する非常にきめの細かい豊かさ、つまり彼らが営んでいる暮らしそのものの言葉では言い表せないような豊かさからその物品を隔離することに相当するものである」。

　第一世代と第二世代のAIの成功も限界も、この世界像の観点から見れば非常にうなずける話である。その世界像の特性は、知覚や認識の基礎となる、豊富であるが根本的に単純化された自記を抽出しつつあるアーキテクチャの予測可能な特性でもある。

6d・認識論的批判

それでは，GOFAI批判の最後の点，認識論についてはどうだろうか。

ここでついに正念場を迎える。次の章で取り上げる予定の二つの主題は，真に思考と呼ぶことができるいかなるものにもAIが到達する障害になっている。どちらも，思考や知能によって，私たちが暮らしている途方もなく豊かでありながら混沌とした世界を理解するために必要なことと関係がある。一つは比較的簡単なものであるが，第一世代と第二世代のAIのアプローチを調整し，それぞれの強みを活かして，少なくともそこに見られるいくつかの限界を克服するというものである。このような統合的な目標は認知され，第三世代のAIに必要な要素として提案されるようになっている。

もう一つの課題はより深刻なものである。まだ AI研究の主題と考えられていないものを含め，現在のあらゆる技術はこの二番目の問題の重要性を認識すらしておらず，ましてやこの問題に取り組むために必要とされる考え方も明らかにされていないと考えられる。これを説明することにより，世界を世界として扱っている実存的コミットメントや戦略の領域に私たちは誘われることになる。

注釈

1. 世界の存在論的構造が，そうだとわかることがよくあるように，大規模な並列ネットワークによって効果的に解釈することを必要とするものであるならば，それはAIがそのようなアーキテクチャを備える理由であると言えるだろう。しかし，そこから導かれる論理構造は，AIと脳が同一の理由から類似したものとなるだろうということであり，AIが脳を模倣する必要があるというものではない。

2. 第3章の注3（48ページ）のフェルドマンの「100ステップのルール」の議論を参照のこと。

3. 人を認識して識別するためのいくつかの特性であって私たち理論家がまだ発見していないものなどないのではないか，あるいはそのような特性を認識することこそが，うまく機能するMLシステムが行うことなのではないかと考える人もいるかもしれない。だが，顔から反射された物理的な光の形の自記からそのような特性を引き出すのにMLのようなアーキテクチャが必要なのかというと，その点は疑わしいものである。

4. そのような成果を「認識」と呼ぶことは，それが個々の存在のイメージとそれと関連のある他の演算構造との間のマッピングを学習して繰り返すことができると言うことの不当な簡潔表現なのだろうという標準的な警告。

5. そのような「敵対的」サンプルの例については，たとえば，Athalye et al., "Synthesizing Robust Adversarial Examples," Proceedings of the 35th International Conference on Machine Learning (Stockholm, Sweden, PMLR 80, 2018) を参照のこと。

本文全体で議論しているように，このような敵対的なサンプルが機能するという事実は，実際のところ現在の世代のシステムは，遠隔状況のイメージを扱ってはいるものの，そのイメージはむしろ私たちが知覚の名の下にこれを解釈しているに過ぎないような単なる画像パターンの分布により近いものであるという点で，そこで行われている作業は知覚とは全く異なっている可能性があるということの証拠である。つまり，どんなにひいき目に見ても「知覚」なのである。

6. 最初から明らかなように，私は「存在論」という用語を，現実の性質と存在に関係する形而上学の分岐であるという古典的な意味で，つまり大まかに言えば「世界に存在するもの」の同義語として使用している（物理的存在論と存在論の関係，厳密に言えばその研究についての議論は別の機会にする。）。他の非常に多くの場合と同様に，残念ながら「オントロジー（存在論）」という用語は，現代の計算の文脈では，現実を表象する構造，つまり分野，データ構造の種類，概念などを指すように再定義されるようになった。「オントロジーを作り出す」，「オントロジー工学」のような不可解な語をつくることも可能になっている。この言葉は，ここで私が興味を持っている世界そのものである。その表象についての疑問については認識論を考慮する際に触れる。

7. 離散ピクセルの値により，衝突する放射線の配列に「形式的な」グリッドが付けられているのではないか，またそれゆえに，データも真に連続しているのではなく，たとえそれが妥当なものであったとしても，値のストリーム自体は客体とは無関係で，そのような読み出しの値はどれも大きく文脈に依存しており，入射照明，カメラの位置や方向，その他の多くの要因の影響を受けるのではないかという議論は成り立ちうる。

8. 技術の進歩に伴って，演算メモリが私たち自身の記憶ほど容易に処理できなくなると想像する者もいるだろう。今日の最先端技術をもってしても，稼働中のすべてのビデオカメラの高解像度ビデオストリームを保存するのは依然として困難であるのは憂鬱なことであるが，その真偽は時が経てばわかるだろう。それでも，信じられないほど高密度の演算ストレージ（例：DNAベース）により，現在よりも桁違いに多くの情報を保存できるようになるであろう。そのことが私たちの環境やAIシステムの運命にどのように影響するかは，まだ誰にもわからない。

9. https://bluedot.global

10. そのようなシステムをいかにして理解するかについては，分析的な課題がある。従来の診断では，頻度論的解釈で「あなたが黒色腫を発症する可能性は52％である」と表現されることがあるだろうが（つまり，いずれかのグループの人々の52％が黒色腫を発症し

ている）それはMLシステムの出した結論を描写する適切な方法ではない。システムがグループを扱っているのだからといって，確率というものが無関係だというわけではない。実際，ほとんどのMLアーキテクチャは確率の観点から定義されている。だが，それにより作成された確率的診断（またはその計算から導き出されたもの）には，さらに確実な認識論的測定のような解釈が必要になる場合がある。「自分の知識に基づいて，特にあなたが黒色腫を発症していることを，私は52％確信しています」というのがより適切である。

11. 技術的にはこれは「選択肢」であるはずだが，考えられる限りの区別の例を示すのは煩雑にすぎる。また，コンピューターの特性評価については，私たちは皆，ダニエル・デネット（1942 〜）であれば「意図スタンス」と呼んでいたであろうものを採用している（デネット『「志向姿勢」の哲学──人は人の行動を読めるのか？』，1996年，白揚社）。保証されているよりも多くの能力がシステムに仮託されようとする傾向に抵抗するのが最も重要である場合のみ，これらについて言及することにする。

12. MLアーキテクチャからの自然な提案によると，直観は，私たちの概念の基礎にある世界が豊かに見えないところで相互接続されたトポロジーの高次元ネットワーク表現で形成された重要性または活性化の（分散した）分布だということである。このことを「表現する」ことが一般的に難しいのは，言葉や離散的な概念が，言い表しようのない変調や微妙さをとらえるには非常にかさばる，鈍感なツールであるという事実の反映なのかもしれない。

13. このような教訓は，AI自体によってますます認識されてきている。計算を用いた強化学習の創始者であり，ML研究の第一人者であるリチャード・S・サットンは，次のように述べている。「長い目で見れば私たちが考える「考え方」でのシステム構築はうまくはいかないという，苦い教訓を学ぶ必要がある。……実際の心のなかは途方もなく，取り返しのつかないほど複雑である。空間，客体，複数の主体，または対称性など心のなかについて考えるような簡単な方法を探そうとするのはやめるべきである。このようなものはすべて，恣意的で本質的に複雑な外界の一部なのである。その複雑さは無限大である。」（リチャード・S・サットン，「厳しい教訓」，http://www.incompleteideas.net/IncIdeas/BitterLesson.html，強調を追加。）。

14. 私の未発表の原稿「非概念世界」を参照のこと。

15. 序論で述べたように，第二世代のAIが，それ自体が進化することができる（おそらくソニーのアイボの路線の）ある種の合成生物の基礎として使用された場合，そのような生き物は（私たち人間と同様に）長い時間をかけて最終的には完全な合理性や判断力を身に着けるかもしれない。第10章の「生き物」の議論を参照のこと。重要なことは，そのような能力は，そのような生き物が文化やコミュニティをつくるかどうか，責任をもってものを作ったり生活したりするかどうか，規範により管理されるかどうか，真実を支持するかどうかなどに依存するということである。実際にそのような生物が第二世代のAI技術を

採用しただけでそういった段階に達したとしても，判断を行う能力はもたないだろう。したがって，そのような生物が身に着けた規範的な能力を説明するためには，必然的に，単なる機械学習または第二世代のAIシステム以上のことに言及しなければならないことになる。

16. それは，機械学習の結果に含まれる先入観の主たる原因は，形式や内容だけでなく，その選択，使用などに関する付随的な要素も含めた意味におけるデータである。データを読み取るアルゴリズムは間違いなく無関係なものではないため，特定の方法などでデータセットを形成する必要がある。だが，報道や文献で引用されている先入観のほとんどの例は，不正なアルゴリズムというよりも歪んだデータそのものによるものである。 MLアーキテクチャのこのような二つの側面のそれぞれの寄与を適切に切り離すような慎重な評価が必要である。

17. *On the Origin of Objects, 1996.*

18. The Nonconceptual World（未発表の原稿）

第7章 認識論的な課題

第一世代と第二世代の両方のAIの長所をまとめるという，一番目のそれほど難しくない課題から始めることにしよう。

GOFAIの強みの一つは，「関連性のある論理的思考」，すなわち含意，否定，定量化，仮説などの構造化された命題の（場合によっては長い）連鎖を含む推論を扱うことができることである。たとえば「ランディとパットはパラリンピックのために東京にいるので，土曜日の夕食のためにここに来ることはない」であるとか，「ロンドンの人口の17％は両親が異なる母国語を話している」といった推論がこれにあたる。さらには，「高等教育への公的支出に対する国民の支持がアメリカよりもカナダで一定程度低い理由の一つとして，カナダにはアメリカでは利用できない社会医療が確固たるものとして存在しており，これに関する支出がカナダの国家予算の大部分を占めているため，カナダの有権者はその他の社会保障（教育はその一例と考えられる）のためにさらに多くの金銭を費やすことに消極的だからである」といった推論を扱うことさえも可能である。次の77～78ページのコラムには，初期のAIシステムによって対応可能とされていた具体的な能力の説明リストが示されている。これらの能力は一般的な知能にとって依然として重要なものである[1]。

具体的な論理的思考の特徴

　GOFAIにおける知識の表現及び形式または論理的思考の共通の特徴であった，いくつかの形式の概念構造。

1.「同一性」と「非同一性」（「トゥッリはキケロ」，「パン屋は私の叔母ヒルダではない」）

2.「量化」（「カナダ人はみなトーク（つばなしのニット帽子）を持っている」，「向こうの芝生にガラガラヘビがいる」）

3.「変数」（「同じ国から移住してきた親を持つ夫婦の結婚」）

4.「論理演算子」（論理積，否定，含意など）：「カーリング選手であって，

かつクラシックバイオリニストでもある人は誰もニンニクが好きではない」

5.「集合」(「大統領, 副大統領, 財務大臣」,「人間に飼育されているすべてのピグミーチンパンジー」)

6. 不透明度と意図的な文脈 (「フランスには王がいると彼女は言った」,「πは合理的であると彼は思っている」)

7.「カテゴリ」と「サブカテゴリ」(「エンジェル投資家」,「招待されたすべての人」)

8. 可能性と必要性 (「彼女はスワースモアから転居したかもしれない」)

9.「デフォルトの論理的思考」(「特に断りのない限り, すべての海港の設計において潮の干満を考慮しければならない」)

GOFAIはこれらの複雑な論理的処理をなしうるにもかかわらず, なぜ失敗したのだろうか。その理由は, これまでも議論してきたように, GOFAIの設計の基礎にある存在論がすべて間違っていたからである。第一世代のAIは, 世界の豊かさの中で, 抽象化と概念の記号化を基礎づけるだけのリソースを持たなかったため, 生み出された抽象概念や記号が現実から自由に漂流する傾向が生じ, デリダとシェイクスピアを少し織り混ぜて表現するならば, いわば何も意味しないシニフィエの終わりなき戯れへと概念や記号を委ねてしまいかねないものであった。

それでも, 具体的な論理的思考の内部構造は非常に重要であり, これらはあらゆる本物の知能モデルの一部である必要がある。これについての現在の私たちの最良の理解は, 形式的な存在論や明確で明確な概念などを前提とした論理学的な文脈の中で構築されたものである。「$\forall x[f(x) \supset G(x)]$」または「$[\phi \supset \psi \equiv \psi \lor \neg \phi]$」などの典型的な論理式について考えてみよう。このような式は通常, その構成要素の意味についての明確な意味論的および存在論的事実を参照しながら解釈される。任意の数値 x は, はっきりと個別化されており,「Fである」または「Fではない」のいずれか,「Gである」または「Gではない」のいずれかであり, 曖昧さや程度の問題は存在しないと想定されている。ϕ, ψ なども同様である。

　前の章で議論したように，認識，分類，非概念的な論理的思考，さらにビッグデータの分析において採用されているような論理的思考でさえ，その程度の存在論的な明確さは必要とされておらず，実は ML システムが示しているように，それを仮定しないからこそ絶大な威力を生み出しているというのは間違いない。

　人間の知能それ自体は，現在問題としているような論理的な複雑さに対応していないが，常識的な形でそのような論理関係を処理するにあたって，人間の知能は完全に「はっきりとした」分類を必要としていないないということは明らかである。

　（論理的思考の連鎖が長くなればなるほど，関連する客体や性質の不均一さや不明瞭さの程度に比例して，結論が崩壊する。つまり誤りが多くなったり信頼性が低くなったりする可能性が高くなる。）概念的な分類が持つ大きな力の一つとして，具体的なかたちの論理的思考を支援するということが挙げられるが，そのような分類を有効に利用するにあたって，分類がどれほどはっきりとしていたり「離散的」であったりしなければならないかは，よく理解されていない。また，非概念的な文脈においても，ある程度の論理的な根拠づけが当てはまることも明らかである（「赤いソファは，リビングルームの壁紙と合っていない」，「向こうではなく，ボードのここに書いてください」など）[2]。

　このような考察から，前章で予想した AI について提案が生み出されたのである。ML の持つ非常に豊富な高次元の表現ベクトルを支えることができるアーキテクチャを，複雑なパターンの具体的な論理的思考の要素として構築するために必要なものを明らかにするべきであるということである。ファジー理論は，その方向における初期の試みと位置付けられうるものであるが，これは単一の実数値の真理値に限定されたものであり，あらゆる特定の「ファジー値」が（「おおまかに」ではなく）正確に表現の対象，すなわち何らかの正確な実数であったという意味で「高次に個別的」[3]なものであった。むしろ，提案されているのは，ML の存在論的に豊富であって非概念的な性質を持つ表現を第一世代の AI の明確な論理的思考パラダイムのパターンと統合するシステムを開発することである。その際には「二項式の」システムで二つの能力をつなげるのではなく，そのような能力を円滑に統合すること

が必要である。そうすれば結合された諸概念の根底にある概念化以前の事物に埋め込まれたニュアンス，微妙さ，調整などが，生み出される結果の基礎となる概念化以前の事物を作り出す際に重要な役割を果たすことが可能になる。これにより，その表象は抽出され，抽象化され，「離散化」されることにはなるものの，相対的に直接的な推論にニュアンスや抑揚を与えつつ，具体的な論理的思考の連鎖をさらに長くすることができるのである。

　この提案の構造上の含意は重要である。古典的なAI（GOFAI）の場合，複雑な仮定や論理和，含意などは，概念的に関連づけられた数十または数百以上もの構成要素を含む可能性がある。現在のニューラルアーキテクチャでは，システムが「知識化」しているあらゆるものはネットワーク全体に分散している重みへと変換されるだろう。そして，さまざまなネットワークの状態を，どのようにして，構造的に構築された他のネットワークの状態のパラメータまたは構成要素へと変換するのかという問題は，明確でもなければ簡単なものでもない。

　それにもかかわらず，大量の概念化されていない詳細を基礎とする合成的に構築された状態を実現するというこの目標は，AI研究者がすでに取り組んでいるような問題，そしてそのようなプロジェクトにとってのその必要性が認知されつつあるという現状と，根本的に食い違っているようには思われない[4]。

・・・

　もう一つの認識論的課題はさらに深刻である。

　その他の点ではどんなに素晴らしくても，現代の第二世代のシステムを含む，現在に至るまでのAIシステムは，自身が何を話しているのかわかっていないと私は思っている。これは，私たち人間がそのアウトプットを私たちにとって重要なことがらについてのものとして解釈できないということではない。だが，これまでに構築されたあらゆるシステムおよびその構築方法が検討されているシステムが，次の(i)と(ii)のあいだの違いを「わかる」と仮定する理由は何もなく，むしろこれを疑うかなりの理由が存在している。(i) 表象，入力，出力の状態を含む，それ自体の（近接した）状態。(ii) 少なくとも私たちがそれを世界の状態として捉えているところの外部的な（遠位にある）世界の状態，その表現およびそれを表現するためのそのような入力や

出力。そして，AIシステムが話題にしているのはこれらの外部の状況である（意味論的解釈についての主張P2を思い出すこと）。

　システムが，自らが何について話しているのかを知るためには何が必要か。現代のシステムに欠けているものは何で，欠けていないものは何か。それは本書の残りの部分でゆっくりと答えを出していく問題である。いま述べることができるのは，少なくとも，話されている対象が存在する世界に対する真正性や敬意，関与が必要であり，解釈可能性や「根拠のある解釈」では十分ではないということである[5]。このことの意味は後ほど明らかになるが，いくつかの例は，やる気を起こさせる直感を引き出すのに役立つ可能性がある。

　自動X線読み取りシステムにより，私たちが肺の3Dモデルだと考えているものを作成することにする[6]。そのモデルをαと呼ぶ。そのシステムはαとαのモデルである肺との違いという，私たちが知っている事実を理解できるだろうか？　さらに一般的に言えば，そのコンピューターはモデルの概念について一体どのような理解をする可能性が高いのか。それがモデルであるというメタレベルの情報を組み込んだとしても，つまり「MODEL（α）」のようなものをデータ構造に追加することにしたとしても，いかにしてそのシステムは私たちと同様にそのαが外界の何かのモデルのことだということを理解できるのだろうか？

　言ってみれば，メタレベルの情報は役に立たない，つまり問題が循環してしまうだけなのだ[7]。

　同様に，囲碁AI「AlphaGo（アルファ碁）」とその次世代版[8]が，碁には1000年にわたる輝かしい歴史があり，世界中の専門家がプレイしているゲームであるという事実や，さらに突っ込んで言うと，自分がプレイしている特定のゲームとそのデータ構造の中におけるそのゲームの表現との間に違いがあるという事実を理解している可能性は低い。同様に，Siriやアレクサは，レストラン，お手洗い，雷雨，オペレーティングシステムの更新のことを「教えてくれる」かもしれないが，実際にはレストラン，お手洗いなどが何なのかは知らないし，システムの更新さえ知らない可能性が高い。最初から言っているように，これらの計算としてのシステムは，意味的に解釈され，その動作が表象された世界に関するものであり，それを参照しているものと私たちは理解している。だが，そのようなシステムは「解釈」という形で自

らを理解していないし，自らの思考，審議，発話は解釈されて初めて重要性を持ちうるものであるということを認識していない。そのようなわけで，これらのシステムがしていることに「理解」というラベルを付けることが本当に正当なのかどうか疑問に思っているのである。ひいき目に見ればそれは「理解」だが，AIの世界においてはこのような表現の危険度は非常に高く，私たちはこのような表現を完全に回避する必要があるだろう。

このことは，これらのシステムの構造，動作，構成要素を私たちが解釈できないと言っているのではない。私はこれをシステムが計算的であるための条件だと考えている（P2）。実際，それがまさにSiriとアレクサが非常に便利な理由である。また，現代のコンピューターシステムは，その表現の対象である世界の中で機能し得ないものであると言っているのでもない。これらのシステムの多くはますます機能するようになっている。また，重要なことに，これらのシステムの象徴には明確な解釈がないと言っているのでもない。ここでは，サールの中国語の部屋の議論のどこが間違っているかについて詳しく述べることはできないが，表面的な類似点はいくつかあるものの，解釈は基礎がなく，その場の思いつきで修正されうるものだから，形式的なシステムには真の意味論を持ち得ないという（サールのような），多数の議論や形式性についての話はしていないということだけは記しておきたい。私であれば法廷に行き，今日のAIシステムの象徴がこの意味，つまりサールがその言葉を理解した意味で「形式的」であることを否定するであろう。特に，現代のいくつかのシステムは，その象徴が明確に基礎づけられるような形で世界とつながっている（インターネットルーターの伝達経路，リアルタイム財務会計システムのデータベースへの登録，Eメールアドレスなどについて考えるといい）。多くの計算的ではない記号（例えば，標識や本の中の言葉）の意味論的解釈は，それらが機能している実際の場面に基づいているとすら私は主張するであろう。だが，たとえそれらが非恣意的な解釈をしていたとしても，標識も本も自らの言葉が何を意味するのかは理解していない。むしろ，私はさらに根本的な問題，すなわちこのような（接地した）記号が用いられたシステムが何かを本当に理解しているのかについての話をしているのだ。

こういう表現をさせていただきたい。最初に，意味論が意味論であるためには敬意を持ったものでなければならないと私は述べた。現在のところ，私

たちは敬意のある意味論を基礎としてシステムを設計することができるであろうが，そこでの敬意は私たちのものであってシステムのものではない。そのシステム自体が真の意味で知的で，自分が何の話をしているかわかるようなシステムを構築しようとする場合，それ自体が敬意を持ったシステム，つまりそれ自体が住んでいる世界に服従し，私たち人間の敬意に単に同意するだけではないシステムを構築する必要がある。そのためには，（i）世界が存在し，（ii）システムの表象が世界に関するものであり，（iii）システムとその表象が，自らが表象する世界に適合している必要があることをシステム自体が知っている必要がある。

・・・

　それでは，敬意とは何であり，世界とは何であり，そしてそこに客体が存在している尊重すべき世界の存在を知るということは何であるのか。そのような疑問は本書の残りの部分で扱われる疑問である。だが，まずは導入的なことについて考えてみよう。なぜそれが重要なのだろうか。私たちの創作物が本当に敬意を持っているのかどうか，さらにいうと，それが真の意味で知的であるかどうかを気にする必要があるのはなぜなのか。そのようなシステムがあたかも知的で敬意を持っているかのように，単に解釈するだけで十分とは言えないのだろうか？

　いや，おそらく十分とは言えないのだろう。私たちがその考察を信頼するためには，AIシステムは，真の意味で知的であって，世界を記録する際に用いられる抽象的存在論の妥当性に対して責任を持つことができなければならない。そうでなければ，すべての記録スキーム，すべての推論ステップ，そこで使用されるすべての「データ」に対して認識論的および存在論的な責任を自分たちが負う用意がある状況でしかこれらを使用しないほうがいい。

　これは架空の問題ではない。

　（国勢調査の集計など）大量の個人情報の組み合わせを調査するだけでなく，膨大な量の情報の集積を検索するデータマイニングアルゴリズムの結果がすでに示されている。

　この場合において，規範的な標準，記録スキーム，倫理的立場，認識論的な先入観，社会的慣習，政治的関心のうちのどのようなものが，これらの雑多な情報の全体に影響を及ぼしているのかはわからないのである。教育を受

けていない子どもや鈍感なジャーナリストによって作成された，さまざまな文化でリスクにさらされている10代の若者の自殺傾向の報告を私たちが信用しないのと同様に，調査対象となったすべてのデータセット（AIシステムがその使用についてトレーニングを受けたデータセットは言うまでもない）の長所や倫理性，概念の互換性，仮定の正当性などを正確に評価するAIシステムの能力を信頼できない限り，私たちはAIシステムも信用しないほうがいい。

注釈

1. コラムに記載されている具体的な能力は，統語論的にも意味論的にも相互依存している。そのような能力のあいだの関係のうちのいくつかは，生産性（認知的生産と理解が制限されていないという事実）や体系性（全文の意味と全体の考えが，その文章を構成している単語またはトークンの意味と体系的に関連しているという事実），構成性（複雑な文または思考の意味が，その文法構造とその構成要素の意味によって決定されるという事実）という概念のもとで認知科学と哲学で理論化されている。このような組み合わせの関係が人間の認知にとって重要であるということについては，ジェリー・フォーダー（1935 ～ 2017）が率直に説明しているが，その要点は，一般的な知能を達成することを目的とするすべての計算システムに一般化されるであろう。「人間の認識は，認知構造理論が無謀にも無視しているところの生産性・体系性・構成性を含む緊密に関係づけられた複雑性を備えている。このような特性の存在を否定する理論から離れられないのであれば，あなたは死んでいなくなっているのと同じである」。Jerry Fodor, "Connectionism and the Problem of Systematicity (Continued): Why Smolensky's Solution Still Doesn't Work," *Cognition 62*, no. 1 (1997): 109–119.

2. このような例は非概念的なものだと考えられている。なぜなら，最初に指摘した「赤い」という感覚は一般的な「赤」ではなく，ソファに特有の赤（話者が説明する際に適切な概念的リソースを持っていない可能性が低い色合い）であり，また二番目の「ここ」や「そこ」という言葉で示される壁の部分は，はっきりとした境界のある明確に定義された領域である可能性が低いからである。

3. John Haugeland, "Analog and Analog," *Philosophical Topics* 12, no.1 (1981): 213-225.

4. たとえば，Gary Marcus, *The Algebraic Mind: Integrating Connectionism and Cognitive Science* (Cambridge, MA: MIT Press, 2001); the papers in Joe Pater, "Generative Linguistics and Neural Networks at 60: Foundation, Friction, and Fusion," plus comment articles (*Language*, 95:1, 2019); and Hector Levesque,

Common Sense, the Turing Test, and the Quest for Real AI: Reflections on Natural and Artificial Intelligence (Cambridge, MA: MIT Press, 2017).

そのようなプロジェクトの課題の一つは，ウィキペディアの記事やTwitterのフィードなど，人間による概念化を経たアウトプットでトレーニングされた現代の機械学習システムによって開発された経験や技術の中から，有益な洞察が現れるかどうかを判断することであろう。前の章で議論した先入観や偏見などの明白な問題とともに，本書の残りの部分で取り上げて掘り下げる必要があるであろう深刻な問題として，このようなシステムがトレーニングセットとして使用しているデータの情報源が，そのデータが構成される基礎となった極めて不安定な概念（自記スキーム）との関係で，説明可能なものではないということが挙げられる。そのような「データ・マイニング」の結果を，その結果の一つひとつ（すべての記事とすべての投稿）の根底にある自記の実行を評価せずに受け入れることは，まさにある種の「接着」であり，プロジェクトの目標を頓挫させることになるであろう。

この一つ目の総合的な課題は二つ目のものよりも簡単に対処できるであろうと示唆したが，さらに深いレベルで見ると，これに適切に対処できるかどうかは二つ目の課題の処理に成功するかどうかにかかっている可能性がある。

5. 参照を実現するには十分な関与がなければならないが，ここでいう参照とは指示対象に対する真の関与以下のものである。光円錐の境界への関与が禁止されていたとしても，私は光円錐の外側にあるものを参照できる。私がπ中間子，メソポタミア文化，または女性の性差別経験を参照する能力は，文化やコミュニティに対する意思的な能力によって決まる。私はそのような意思に関する指向性を一人で背負うことはできない。だが，そのような指示対象との「繋がり」は，間接的であったり第三者の影響を受けたり外部からの仲介を受けたりすることはできないので，参照は不可能である。これは，実際には完全に参照できる場合であっても，いかなる実際的な意味でもピザ店を参照する機能が確かに欠けているSiriの場合と同様である。

6. つまり，言うまでもないが，「解釈中」の3Dモデル，つまり肺の3D構造モデルはそれ自体が三次元のモデルではない。

7. 「MODEL（a）」が「aはモデルである」を意味していることを知るためには，そのシステムが（単なる「参照」と「表示」だけでなく）参照と表示を行う能力を有している必要があるが，私はそのような能力を仮定する根拠は今のところ存在しないと考えている。

8. AlphaGo Zeroを含む。

第8章　客体

　これらの主題に関する最も深い考察の中には，超越論哲学や実存主義の観点から構成されているものがある。この問題についての洞察のために，客体を客体として認知することを可能とするための条件としての感性や，理解の形式に関するカントの研究について探求することも出来るだろう。あるいは，ハイデッガーに目を向けると，実在の存在へと向けられた存在の可能性についての実存的な問題を検討することもできるかもしれない。だが，ここではそのような手が込んだ言葉を使う必要はない。私たちは簡単な問題提起ができる。

　システムが客体を世界にある客体として記録するためには，システムはどのようなものでなければならないのか[1]。

　繰り返すが，これは，私たち人間が世界に存在する客体として理解する事物をAIが表象（または処理）するためには，あるいは，さらに簡単に言えば，「客体を客体として記録する」ものを表象（あるいは処理）するためには，何が必要になるのかという問題ではない。

　なぜなら，私は，語源に即して，客体であるということを，客観的なものの一部，つまり，世界の一部であるという意味で理解しているからである。

　したがって，この問題は，より簡潔に描写するならば，AIシステムにとって何かを客体だと考えること，つまり，AIが客体だと考えている事物，世界にあると考えている事物を表象または参照すること，それに敬意をもって向き合うことが問題であると説明することができる。

　これは，目下想定されているいかなるコンピューターシステムも実行できないことである。

　また，機械学習やその他のどんな第二次ブームのAIテクノロジー，あるいは第三次ブームのAIのために提案されているいかなる構想によっても，これを明らかにできるとは思えない。

　だが，それは私たちが前進することができないという意味ではない。いくつかのことを指摘することができる。おおまかには7点ある[2]。

本物の知能に関する基準

1. **志向性**：システムは自らが表象するところのものを志向しなければならないのであって，単にその表象を志向していたり，その表象と関わったりするだけでは不十分である。システムは「意図的にそこに向けられて」いなければならないと，哲学者であれば表現するであろう。あるものを参照するということは，システムが正しい限りにおいて，それを志向するための一つの方法である（この点についてはさらなる検討が必要である）。最も，とりわけ注目すべきものではあるものの，参照は志向性の一形式にすぎない。より一般的に言えば（「生きる」ということことが，多くの場合には，理論的な考察ではなく日々の取り組みへの平凡な対処，管理，関与なのであると認識するためには），システムは客体に向かって振る舞う必要があると，現象学の用語を用いていうことができるだろう。

確かに，コンピューターはUSBメモリスティックなどの単純な客体を志向する（またはそれ自体を適合させる）ことができると考えられるだろう。「選択したファイルをスロットAのUSBメモリにコピーする」とコンピューターに伝達するボタンをクリックして，通常の状況でコンピューターがそれを実行する場合，コンピューターはUSBメモリを志向していると言えないのだろうか。

言えないのである。コマンドが実行される直前に，詐欺師が元のUSBメモリを取り出し，自分のUSBメモリを入れたと想定しよう。問題なのは，コンピューターがそのことを知らずにファイルをスティックにコピーすることになるということだけではなく，コンピューターには二つの状況を区別する能力がなく，実際の状況が本来あるべきものと異なることを理解するためのリソースがないということ，つまり，「ドライブに何があるか」という記述と，ある瞬間にその記述を成り立たせる特定の対象を区別できない，ということである[3]。

したがって，現在の用語法では，コンピューターにはUSBメモリを客体として扱う能力がないということになる。コピーの途中で，ドライブに書き込みをするかわりに私のFacebookページに情報を拡散させるように書き込みヘッドを配線し直すと，コンピューターは再び何もわからなくなるだろう[4]。これは実際にそうであるというだけでなく，必然的にそうなるというこ

とである。そして，コンピューターはもともと何もわからないであろうから，（最大限でも）スティックの表象やそれと相互作用するドライバーのメカニズムに方向付けられているものとは対照的に，USB メモリを志向していたと断言できる根拠はない。

　USB メモリとそれが満たしている記述（「現在ドライブ上にある USB メモリ」）の違いを，コンピューターは知り得ないだろう。なぜなら，コピーの時点において，両者の間に近位の因果的つながりを持つ検出可能な物理的差異が存在している必然性はなく，それゆえ，その時点でコンピューターが正しい USB メモリと間違った USB メモリの違いを検出することは不可能だからである。このことは，直接的な因果関係を超えたものに対して，システムが説明責任を負いうるものとし，広大な社会的慣行のネットワークを介して，システムが適切に作動するようにするということであり，これはまさに（規範的に管理された）表象システムが目的とするものである。あらゆる場面において因果的に近接しているものにより状況を説明し尽くすことが出来ると想定する（つまり，ブランケットメカニズムへのアプリオリ（先験的）な忠誠を誓う）ことは，表象，意味論，意図性，規範性といった世界を志向していることに対して無関心になることと同じである[5]。

2. **外観vs現実**：何かを志向するためには何が必要だろうか。少なくとも，システムが客体と客体表象とを区別することで，前者に対しては敬意を払い，後者に対しては敬意を払わないようにする必要はある。つまり，外観と現実を区別できる必要があるのだ[6]。すでに述べたように，引用やメタレベルのデータ構造を使用することで，部外者として，ある表象（機械化，動作，熟考など何でも良い）が世界に関することであり，それ以外のものはその表象に関することだと考えるようにするというだけでは不十分である。システムは，客体と客体表象とが異なることを（単に"認識している"だけでなく）認識しなければならない。客体を（表象された）"客体"ではなく客体そのものとして考える，つまり客体を客体として参照するためには，「外部に存在するものとしてそれを捉える」ことが必要である。また，一般的に言って，（表象の対象となる）客体は有効範囲を超えたものであることから，システムは，自らが方向づけられているところのものがときとして遠位なものであること

がある，すなわち効果的な接続領域の外側にあり，また直接的な因果関係の外側にある（繰り返しになるが，科学的な因果説明の妥当性に挑戦している）ものであることを認識しなければならない。すなわち，知能が知能たりうるためには，「客体を客体として認識することは客体が自らの理解を超えたものであることを知ることである」という，いわゆる「ロバート・ブラウニング」の基準が満たされている必要がある。

　意味的内容の遠位の（すなわち効果的に利用できない）性質が意識にも適用されることは明らかであるため，それがいかに驚くべきものであるかはほとんど知られていないことに再度注意すべきである。あなたが「心に留めている」こと（友人，差し迫った試験，角を曲がるトラック）は，そのような現象を表象する内部的で近位の精神状態やプロセスではなく，外部的で遠位の現象そのものである。また，因果的に関連していると思われる客体でさえ，客体であるためには過去と未来が必要であり，そのどちらもが効果的な到達範囲を超えている（物理学は過去または未来のいずれかとの直接的な因果関係を禁止している）ことから，「現在」のものである客体でさえも局所的に利用可能なものとしての客体の範囲を超えている。

　論理の場合にこのような不一致が見られた。すなわち，システムが（因果的に，機械的に）いかに機能するかということと（意味的に，意図的に，「解釈のもとで」）システムが何をしているかということとの間に分離があるのである。現在重要なのは，真に知的である，つまりこの後すぐ言及する判断ができるようになるために，システムは，（ i ）二つの間の違いを「知っていて」，（ ii ）前者に提供される後者に向けたリソースの使用を通して後者を志向するものでなければならない。

3. **利害関係**：システムは外観と現実の区別しなければならないだけではない。すなわち，客体を参照または客体を志向するためには，システムはその客体に従う必要がある。

　サールの言葉[7]に置き換えるならば，システムは，「言葉」と「世界」が袂を分かつとき，世界が勝つということを知っている必要がある[8]。そうでなければ，真実は犠牲になる。遠位の世界との効果的でない意味関係に立って，そこに客体があると考えるために，つまり客体を客体と考えて完全に参照す

るためには，重要な利害関係，規範，関連する事物がなければならない。

　ホーグランドが強調しているように，敬意を持って世界を志向するシステムは，外部的なものとしての参照を支持し，実存的に関わり合うであろう。私たち自身が考案したシステムが本当に知的であると主張する前に，このことが何を意味しているのかを理解し，システムが本当に知的であるかどうかを判断する必要がある。

4. **読みやすさ**：システムが何かを何かであると考え，外観または表現と現実を区別し，物事を重要なものとして扱うための前提条件の一つとして，システムが客体を世界の中で理解可能（または読解可能ということもできるだろう）なものと考えることが挙げられる。

　それでは，理解可能または読解可能であるためにはどうすればよいか。理解可能な記録スキームを用いて記録することのできる世界の一部または一片であること（これについては以下で詳しく説明する），これはつまり，存在論的に健全であることである。この意味を明らかにするにあたり，素朴なリアリズムへの忠誠を誓う必要はない。私たちはカントだけでなく，トーマス・クーン（1922 ～ 1996），ホーグランド，社会構築主義，文化人類学，その他多数の現代的なリソースを利用することができる。存在論の観点から言うと何か，例えば電子，無作法，オンランプ（侵入車線），委員会議長「である」ということは，何らかの方法で世界を記録し続けている認知的な理解者である私たちにとってふさわしいものであり，私たちがそこに身を投じているところの現実が持っている規則性，規則，実践，配置によって構成された領域に入っていくことである。電子であるということは，電子が存在している物体の物理的な織物の全体に適合することである。ホーグランドの気に入っていた領域（ナイトフォーク[9]，ホームベースなど）を使って説明するならば，ゲーム内で移動や実在というものは，チェスまたは野球という構成された領域の内でのみ意味を持ちうるものである。ホーグランド（そしておそらくクーン）の見解では，科学または自然の種類でさえ，領域を構成することによって果たされる役割がある。

5. **現実性，可能性，不可能性**：「実体を正しく捉えること」と，それに失敗す

ることとの間に重大な違いがある場合，特定の場面において，どちらがどちらか，明らかにするための実行可能で恣意的でない方法が必要である。実際のところ，あらゆる客体との関係で，システムが三種類の区別を採用することが必要である。

a.それらが当てはまる場合

b.それらが当てはまりうるが，実際には当てはまらない（つまり，それらが当てはまるというのは誤りであり，間違いや錯誤といった修正が必要なものである）場合。

c.それらが当てはまり得ない場合，すなわち概念的または存在論的に不可能であって，理解システム全体の崩壊により，その効果についての声明が完全に却下される可能性がある場合（このことについては以下で詳しく説明する）。

システムは，現実，可能性，不可能性，つまり真実，虚偽，不可能の区別ができる必要がある[10]。

研究によって存在しているものについての深い理解がもたらされ，存在しうるものについての想像の扉が開かれたが，これは，存在し得ないものを規定し，存在不可能なものを除外する一連の法則の発見によるものである。陽子は色を適用するには小さすぎるので灰色であることはできない。現在，クイーン・ストリートには4番の表示は使われていないので，今日の午後にその表示を探しに行っても見つからない。スター・ウォーズの映画が未来の超スピード宇宙飛行の可能性を示唆しているかもしれないが，そのようなことは起こらない[11]。チェス盤のすべての可能な状態を調べていくアルゴリズムはない。言い換えれば，自己の一貫性を"主張"できる一貫性のある形式的なシステムであっても，自己の一貫性を"証明"することはできない。

さらに実際的な言い方をすると，私たちが不可能だと考えているが，厳密に言えば不可能ではないことがいくつかある。たとえば目の前にあるカップに入ったコーヒーが自然に2インチ空中に跳ね上がる（それと同時に，冷たくなってエネルギー保存則が保たれる）といったことである。修正されることになる事物にとっての重要性を認め，それゆえにシステムが外観と現実を

区別し，何かを客体として捉えることができるようにするために，私たちが誤りだけでなく不可能を必要とするのはなぜだろうか。全体として言えば，これはシステムを同時に保持することで，私たち自身や私たちの表象を，私たちが考えているものや表象しているものと区別するだけでなく，それと同時にすぐに探索されることで，私たちが考えている全体的な状況を説明可能なものとみなすことが出来る。

複数の記録

　世界を記録する方法はどれも部分的で偏っており，ある状況では適切であっても別の状況では不適切である。この基本的な事実は，あらゆる認識，論理的思考，知能を補強している。

　システムが常にそのことを考慮に入れて行動する責任を負うことができないのであれば，システムが採用する記録スキームの妥当性を信頼できる範囲を超えて，その判断を信頼しないほうがいい。

　この点は，データマイニングやそれ以外のすべての「ビッグデータ」の使用法などを含む，あらゆる複数のデータソースを統合する作業に大きく影響する。さまざまな資料や状況から得られた情報が組み合わされている場合には，どのような方法でそれらの情報が世界を記録しているのか，どうすればそれらをしっかりと評価できるのか，それらの持つ多様な視点をその基底にある同一の世界との関係で説明可能な方法で統合するためには何が必要とされるのかについて，十分な判断を行うことが本物の知能にとって必要である。この問題は，国際的なデータベースの中の最も遠く離れたところにある資料から，同じTwitterフィード内のすぐ近くにある投稿まで，あらゆるレベルに当てはまる。また，統合タスクをメタレベルの辞書または翻訳スキームに完全に任せることは決してできない。それらは単に記録が多いだけで，部分的で偏っており，その適切さが独特な文脈に応じたものとなっている。システム自体に判断能力がなければ，あらゆる記録のソースに関する異なる見方や偏見，及び統合されたデータのあらゆる実例の正当性に対して責任を負うのは私たちである。

現在の流行の方法とは対照的に，いかなる段階においても判断を介在させることなしに，さまざまなソースから収集したデータを統計的に組み合わせるだけの能力は，私たちが知能と呼ぶべきものものに対して有利というよりも，むしろ不利に働くものであるだろう。

　物事を説明可能であると考えることには，実質的な目的がある。物事が不可能なものとして提示された場合，つまり感覚システムによって伝えられたものを含む提示された証拠が，何か不可能なことが起こったことを示唆している場合，感覚を強化し，すべてをチェックし，発見の手段を再検討し，同じ存在を発見する別の方法を見つけ，他の人に確認を求めたりするといったことが行われる。たとえば，私の目の前にあるカップの中のコーヒーが2インチ跳ね上がったと思った場合，私の知覚システムがその仮説を皮質に運ぶのだったとしたら，信じられないであろうし，その証拠を説得力のあるものだと考えないであろう。そのかわりに，気づかずにまばたきをした，誰かが私の机を押した，少し前に飲んだものはコーヒーではなかった，地震が起こっていた，などといった結論を出すであろう。つまり，「不可能」なことが起こったように見えるが，不可能なことは起こらないので（これは極めて重要な事実である），私は，その明らかに不可能なことを，何かが間違っていて間違いがいくつかあった証拠だと考えるだろう[12]。

　ある意味で，これはクーンのいう通常の科学にすぎない。私たちは記録スキーム内で動作し，客体と現象を自らの言葉で判読できるものとして説明可能なものと考え，何かが間違っているという証拠として判読できないことを示唆し，掘り下げて間違いを修復し，正しい何物かを見つけることができるようにすることによって，自分たちの知識を増やしている。だが，現在の文脈では，私たちが一般的な結論を得るためにそれを基礎とするのであれば，このことはAIシステムが真の知能を持たなければならない理由とも関係する。なぜなら，それは（私たちまたはシステムの）記録スキーム内で動作できるだけでなく，その使用を通してそのような記録スキームの責任を問い，それらが表象または記録しているものが現状と袂を分かつことがないようにしているからである。

このように考えていただきたい。「正しい」存在論は存在しないし，完璧な記録スキームもないのである。93~94ページのコラムで詳述しているように，この基本的な事実には，知的であるとはどういうことか，また判断を実行できないシステムをどう見るべきかという問題との関係で，非常に大きな意味がある。

6. **コミットメント**：システムは，外観と現実の判別，つまり正誤の区別ができなければならないだけでなく，その違いにも注意を払わなければならない。これは，ホーグランドが，私たちが言っていることを実行するにはコミットメントが必要であるとして，特に熱心に論じていた点である。どんな生物も（つまり私たちも私たちが構築したシステム）も，ただ単に偶然に何が当てはまるのかを知ることが出来るようになるのではなく，また，ただ単に偶然に物事を客体として扱うことができるようになるのでもない。

　つまり，AIシステムが客体を客体として記録するためには，客体に正しい点と間違った点が存在しているだけでなく，その違いがシステムにとっても重要なものである必要がある。私たちにとって正しいことと間違ったことをシステムに行わせ，その行動を私たちにとって重要なものとすることは簡単である。これは，電卓，GPSデバイス，データベース，飛行機の誘導システムにも当てはまる。飛行ルートの計画や飛行機の着陸の場面では，私たちにとって正しいか間違っているかを明らかにすることだけで十分であるように思われる。自動運転車にもそれで十分な場合が出てくるだろう[13]。だが，それによりシステムそのものに客体，世界，または知能が与えられることはないであろう。

　システムが何かに注意を払うためには，世界への方向付けが規範的なコミットメントの複雑な構成網に支えられている必要がある。まず，（認識主体としての）システムは，既知のことにコミットする必要がある。それは敬意の一部である。客体を客体として把握するには，客体に対して敬意を払うことで，現実性だけでなく，知識や知能が基礎としている外観と現実の区別を維持する必要がある。だが，コミットメントも認識主体に条件を課している。私たちは，物事を追跡し，何が正しいかを検討することに専心していなければならない。ホーグランドが言っていたように，私たちは客体に執着し

ているだけではなく，客体に拘束されているのである。

　必要なコミットメントを説明することにより，私たちは実存主義に引き込まれる。世界に存在し，それがどのようなものであるかを知り，人が実際に考えていることが当てはまることを裏づけるためには，実存的なコミットメントが必要であり，それがなければ組織全体が消え去るであろうし，人の考えや表象は重要性のすべてを失い，摩擦のない空のパックのように，現実から自由に遊離してしまうだろう[14]。つまり，世界へのコミットメントは，認識主体を認識主体たらしめているのである。私たちが現在使用しているシステムには，このコミットメントは必要ない。私たちが世界にコミットメントしており，その私たちがこのシステムを使用しているからである。だがそこでは，システムは知ることも真に知的であることもできない。

7. **自己**：もう一つの要素が必要である。理解者（人間でもAIでも何でも良い）が客体を客体として捉えるためには，その理解者が自分自身を「客体が客体である」と考えることができる認識主体であると考える必要がある。つまり，客体を他者として認識するために必要な分離を行うためには特定の形の「自己認識」が必要であり，これにより，システムは分離されており，客体を説明可能な状態とするものとして自己を説明することが出来るようになる。繰り返すが，要点は哲学的によく知られているものであるが，通常，手ごわい言葉で表現される（ホーグランドが言うように，「すべての開示は，一度に現存在そのものを開示することであり，実在の存在を開示することである」[15]）。だが，私たちはそれを簡単に述べることができる。私たちが客体について知るためには：

　　a. 客体は世界のここになければならず，
　　b. 私たちは世界のここにいなければならず，
　　c. そして（再帰的に）私たちは自分たちと客体がここにあることを知っていなければならない。

　以上のような7点の内容の全体は，私たちが奥深くで基礎としているものであるだけでなく，最もありふれた客体を私たちが客体として識別するため

に必要なものであるのは意外なことかもしれない。だが，確かにそうなのである。驚きにより明らかになるのは，第一次ブームのAIの根底にある存在論的な仮定が私たちの意識にいかに深く浸透しているかという点だけである。それは個人の心に刻まれているだけでなく，現代の技術社会を支える世界観に組み込まれている可能性があるのである。

　第一次ブームのAIの失敗，また第二次ブームのAIがそれを処理できていないという事実は，私たちの生活において，つまり世界を理解できるという感覚，知能の存在，ナビゲートし，推論し，対処する能力において，客体の概念の偉大さまたは重要性を損なうものとして解釈されるべきではない。それどころか，客体を非常に強力で偏在的なものにした歴史的および社会文化的な力の偉大さに対する私たちの意識を高める必要がある。それは概念が無害であることを示唆するものではない。多様な文化，詩人，構成主義者，そしてその他の無数の人々が知っているように，客観化と具体化が重大な問題を抱えている状況は存在している[16]。だが，良くも悪くも（両方の可能性が高い），世界が（他のものの中でも）客体によって構成されていると考えることは強力な存在論的または記録的な枠組みである。総合的な知能を構築する試みは，それに関連するものの完全な内容及び重要性にコミットせずに前進することはできない。

　AIに関しては，機械学習の成功により，世界は客体で構成されていると考えることは，人工的なデバイスや計算デバイスの必須前提条件ではないことがわかってきた。さらに重要なことに，真に知的なシステムは客体の存在論から始めることができないこともわかってきている。システムが周りの世界を公正に評価しなければならない場合，また，システムが何を表象し何の話をしているのかを理解しなければならない場合，客体，つまり世界に根ざした客体，途方もなく豊富な形而上学的なプレナム（ストア哲学で物質が充満した空間）に統合された客体，つまりこれから見ていくように，容赦なく責任を問われる客体の観点から世界を記録する能力を獲得するような方法でシステムを構築または進化させる必要がある。

注釈

1. この問題における「客体」とは，具体的なことを意味するものではない。「目的」との語源的なつながりを失うであろうことを除いて，「存在」も同様である。記録されるものは，離散的または個別である必要さえない。したがって問題となるのは，システムが世界にある何かを記録するのはどんなことであり，何が必要であるかということである。*On the Origin of Objects* を参照のこと。

2. このリストは認識論や実存的コミットメントの理論ではない。実際，このリストはまったく理論的ではない。 七つの（独立していない）基準は，理解や正真正銘の知性が必要とする特質，つまり，私たちが人工生物を知能と呼ぶ以前の問題として，また，（さらに言えば）真の知能または判断を必要とするタスクに対する責任を人工生物に譲る以前の問題として，人間の成人が満たし，人工生物が獲得すべき基準である。

3. 哲学者の場合：コンピューターは構造上，「ドライブ内にあるもの」（の計算の類似物）の事象関与による解釈と現表関与による解釈を区別することができない。

4. 書き込みの完了時にチェックサム計算があったとしても，この問題は残るであろう。それも密かに模倣される可能性がある。

5. 第1章のブランケット・メカニズムの議論（19ページ）を参照のこと。

6. 哲学者の中には，外観と現実の区別には，至るところで承認されている構成主義の感覚と対照的に，心に依存しない客体または心に依存しない世界と心との分離が必要であると感じている者もいるだろう。 現実性の要件を組み立てるこの方法は非常に強すぎると私は思う。 区別性と独立性の間には，巨大で高度にテクスチャ化された領域，つまり私の見解ではすべての存在論，言い換えれば本質的にあらゆるものが存在している領域である。

7. ジョン・サール，『言語行為―言語哲学への試論』（1986年，勁草書房）。

8. 世界そのものへの認知的アクセスは不可能であり，それを表象するものにアクセスできるだけであるので，世界自体が勝つことは決してないと主張する人もいるかもしれない。私はその前提に同意しないが，それが真実であったとしても，結論は出ないであろう。世界へのアクセスのしやすさは，不一致の規範的な決定者としての地位には影響しない。

9. ナイトが二つ以上の敵の駒を同時に脅かしているチェスのポジション。

10. ホーグランドは，この三部構成についてさらに詳しい説明をしている。たとえばホーグランドが Having Thought (Cambridge, MA: Harvard University Press, 1998) の Truth and Rule-Following のセクション12（331ページ）で「除外区域」というものの分析をしている。また，ジョン・ホーグランドの *Dasein Disclosed* (Cambridge, MA: Harvard University Press, 2013) の "Truth and Finitude" も参照。

11. 私の著書では，長距離量子トンネル効果は「宇宙全体を疾走する」とは見なしていないが，ここで重要なのは，何が起こったとしても，それは物理法則に従う必要があるということである。

12.これは，もしこのことが実際に起こったとしても，結局のところ世界は勝利しないであろうという意味ではない。むしろ，重要なのは，根本的な修正を必要とする程度に合わせて，私たちの世界観を調整するにはますます強力な証拠が必要になるということである。

13.十分に構造化され，抑制された環境では，それで十分であろう。問題は，濃密な人間の活動の中で自動車を操縦するだけで十分かどうかである。第11章の「6.倫理」の4段落目を参照のこと（123ページ）。

14.ジョン・マクダウェル，『心と世界』（2012年，勁草書房）

15.ジョン・ホーグランド，"Truth and Finitude,"in *Dasein Disclosed* (Cambridge, MA: Harvard University Press, 2013), 190　原文では強調を入れている。

16.言うまでもなく，世界にも問題のある特定の客体がある。それは核兵器，嘘，ときには少数派の人々である。ここで問題となっているのは，その部分を客体として記録するために世界に対してどのような正義が行われているかという，さらに一般的な問題である。

第9章　世界

　これまでに述べてきたすべての点の基礎にあるもの，つまり真の一般的知能が満たすべき条件を基礎付けているものは，さらに原始的なものである。それは私が世界と呼んでいるものと関係している。

　その要点はある意味でシンプルである。私たちが信じているすべてのもの，私たちが理解しているすべてのもの，私たちが表象しコミットしているすべてのものは，単一の世界（それらと私たちの双方が置かれている一つの世界）に存在するものとして私たちが理解できるものでなければならない。ある現象が（どんな意味であれ）「単独で」理解可能なものであったとしても，その現象が存在し，必要とされる現実性やその他の要素などを持ちうるためには，その現象は存在しているもののすべて，全体ないし「総体」としての世界の一部でなければならない（102～103ページのコラムを参照。）

　このことから，私たちが客体（あるいは他のもの）を現実のものと考えるときに必要となる四つの条件が導かれる。

四つのコミットメント

1. 私たちは客体を世界の一部として説明可能な状態にしなければならない。
2. 他方で，私たちは客体を受け入れるものとして世界を説明可能な状態にしなければならない。
3. また，私たちは自分自身及び私たちと客体との関係が同一の世界に存在していることについても説明可能な状態にしなければならない。
4. 他方で，私たちは世界を私たち及び私たちと客体との関係性を受け入れるものとして説明可能な状態にしなければならない。

何か説明不可能なものが現れた場合，それは根本的なところで誤ったものである。私たちはそれに対して異議を唱えなければならない。そこには行くことはできない。私たちは必死に戦ってその場所から抜け出さなければならない。そうしなければ死んでしまうであろう。

この説明として何点かコメントをしておこう。まず，この基準を尊重する際に，特に明示的な意味で，四つのコミットメントを認識する必要はない。そもそも，実際には，（特にこのような命題表現のような）効果に対する明確な信念は役に立つものではないだろう。四つのコミットメントは基本的なものである。これは支配的規範として私たちを捉えるものであり，これにより認識についてのあらゆる信念や言説はそれらの対象に関するものとなるのである。第二に，この定式の中で出てくる「私たち」は，たとえ最終的に個人の肩に責任が課されるとしても，個人としての私たちを指し示すものではない。これらは，何世紀にもわたって社会や文化が切り開いてきた条件であり，私たちは子どものころに，言語を学習したり，自分たちが社会的なコミュニティの一員であることを学んだりした際に，これらを教え込まれているのである。第三に，コミットメントは高度な基準を構成している。私たちの誰しもが人生のあらゆる時点でこれらすべてを満たし続けているということはなく，また，それらを絶えず意識している必要もない。だが，以下で議論するように，私たちが大人であるならば，これらの基準について説明できなければならないのであり，また私たちを取り巻く文明的・文化的な諸事象は，文明社会の一部としてこれらの基準を維持なければならないのである。

多元論

異なる世界には異なる人々が住んでいるのだと言う人もいるだろう。私は多元論的存在論（私であれば存在論を構成する記録スキームと言うだろう）に共感する。だが，「さらに低いレベル」あるいはその他の何らかの意味で，すべてをまとめるようなさらに究極の形而上学的な統一がなければならない。Ｘが「Ｘの世界」でＹを撃つ場合，どの「世界」に存在していたとしても（つまり，私たちまたはＸがＹとして記録している）Ｙの死ぬ可能性は高いだろう。私がブラックホールとして記録しているものが私の世界を破壊した場合，あなたの世界も破壊される可能性が高いだろう。私があなたに接触したいと思っても，あなたが真の意味で別の世界に住んでいるのであれば，あなたに手が届くことはないだろうし，あなたの存在を知ることさえないだろう。だからこそ，（弾丸の

ような）参照が記録スキームを「通過」して，世界自体そのものに到達する必要があるのである。セクション12.aを参照。

　*On the Origin of Objects*で述べたように，AI，人間の状態，そして世界を公平に評価するには，存在論的多元主義と形而上学的一元論の適切な組み合わせを採用する必要がある。

　これを認知科学の用語で表すと，客体を客体として把握するということは，動物が獲物やぬいぐるみを理解したり，乳児が母親に親近感を抱いたりする方法，すなわち客体の名称の意味をその客体が因果的に作用することにより生じる結果と関連付けることによって，客体と相互作用を行うこと，言い換えれば部分的に「記号接地問題（シンボルグラウンディング）」問題（未熟な人工知能は物事の名称を記号（シンボル）として学習はできるが，それを実世界における意味と結びつけること（グラウンディング）ができないという問題）を解決することだけを意味するものではない。そのような事実に反する形で基礎づけられた相互的接続は，いくつかの目的[1]を達成させることはできるかもしれないが，真に知的なシステムの客体となるものを構成するには不十分であり[2]，またシステムが知的であることを保証しうるものでもない。私たち観察者は，意味論的な解釈可能性を正当化する行動を取ることがあり，システムはそれ自体が客体となるためにこのような私たちの行動と相互作用することになる。記号が「接地している」，つまり，その記号にははっきりとした意味論的解釈があり，その記号の解釈は単なる気まぐれの産物ではないとさえ言いうるかもしれない。だが，そのような場合であっても，全体を通してみると，総体としてのパターンは私たちの記録あるいは私たちの客体や敬意に留まり続けるのである。

　四つのコミットメントに関する三つの失敗例を説明しよう。何年も前になるが，デュークのラインリサーチセンターで行われた超心理学の講演ののち，講演者はドアの外に出ていこうとする数名の参加者に対して，（彼が言うには）自分の統計は信頼できる心理学ジャーナルで発表されている論文と同じくらい良いものであるにもかかわらず，なぜ自分の研究結果を信じる者が誰もいないのかと尋ねた。これに対して，グベン・グゼルデレ（1963〜）は「あ

なたの統計に問題があるということではありません。あなたの分析は他のものより10倍優れているかもしれませんが，それでも誰もあなたを信じないでしょう。問題なのは，あなたの主張が真実であるかどうかを確かめる方法が誰にも分からないということです」と鋭く応答した。講演者の主張は彼の頭の中では筋が通っていた可能があるが，グゼルデレが指摘したように，全体として説明不可能なものであり，世界を世界として感じ取る私たちの感覚に適合するものでなく，またこれを維持しうるものでもなかった。つまり，世界が世界であるということはまったくもって本質的なことなのである。そうでなければすべての見当は狂ってしまうのだ[3]。

　二つ目の例として，夢はまさにこの「世界を世界として感じとるという」方法では説明できないものとして挙げられるように思われる。実際，夢が夢であることを外側から明らかにするのは，まさに夢のもつ説明不可能性であると私は思っている。夢の中で私は二人の人と部屋にいたと思ったら，その部屋が誰かが講演をしている講堂に姿を変える。そうかと思うと登壇者が寄りかかっている表彰台は実はコーヒーケーキで，私はピレネー山脈を自転車で走りながらそれを食べていることに気づく。何でもありなのだ！　夢は意味をなさないが，それは大した問題ではない。　私はその矛盾を解決しに行くことはない。現実に関する私の理解力が緩んでいるので，心拍数も急上昇しない。

　次は三番目の例である。大学院生の頃のある晩，シェアハウスで映画を見ていた。電話が鳴ったので，私は驚いた。午前1時頃だったからである。私は手を伸ばして受話器を取った（当時は電話が壁に差し込まれていた時代だった）。すると，私が認識できる限りではほぼ同時にテレビが消え，家が真っ暗になり，近所全体が暗闇に包まれたのにもかかわらず，電話は鳴り続けていたのである！　回想してみると，すべてが完全に説明可能な出来事だった[4]。ここで重要なのは，私が極度のパニックに陥ったということだけである。私は自分の世界が壊れているように感じ，心拍数が急上昇した。小さいながらも恐ろしい一撃だった。世界を失う脅威は恐ろしいものである[5]。

• • •

　前述のように，コミットメントの統合ネットワークは，客体を客体と考える，つまり対象となる何ものかが世界の中に存在しており，知的なものであ

ると考える私たちの能力を補強している。それは私たちが客体に支えられており，客体に縛られているというだけではない。私たちは世界全体にも支えられており，縛られているのである[6]。

　この意味で世界にコミットメントするとは何を意味するのだろうか？　すでに述べたように，客体を現実の一部と考えるためには，何が真実で，何が真実ではなく，何が不可能なのかを心に留めておかなければならない。全体としての世界に関する類似した一連の規範とコミットメントがその基礎に置かれている。記録して理解する必要があるのは，客体や局所的な現象だけではない。客体を記録するということは，客体が自らのまさに「客体」としての存在を導き出すことになる領域を構成している規則や規則性の観点から客体を理解することを意味する。だが，そのような規則や規則性や慣行も説明可能でなければならない。これらが世界としての世界の地位を損なうのではなく支えなければならないのである。

　このことは，私たちは世界を構成する概念的枠組みや記録スキームを手放すと死んでしまうという点で，私たちがこれらに完全に依存しているということを意味しているのだろうか？　そう言ってしまっても構わないだろう。私たちはそのような考え方に傾いている。外観と現実を区別する能力を維持するために，私たちはそのように考えなければならないのだ。だが，私たちはこのような構成スキームに暴力的に固執しているわけではない。そうすることはできないし，そうしてはいけない。「客体」または「存在」が概念的または記録スキームの観点から理解できるだけであるのと同様に，概念的または記録スキームもまたそのような観点から理解できるだけなのである。世界を構成する規則や規則性は，慣行と体制の基底にあるものではあるが，世界を世界として理解できる場合にのみ正当性を持つ（つまり，その語源が示しているように，「読むことができる」）。世界を構成する規則性や規範の観点から客体を理解可能な状態にするのと同様に，存在の根拠としての世界という観点から世界を構成する規則性や規範も理解可能な状態にしておく必要があるのである。

注釈

1. ドレツキの情報リンクをサポートすることなど。フレッド・ドレツキ, *Knowledge*

and the Flow of Information, Cambridge, MA: MIT Press 1981）を参照のこと。

2. 動物は，私たちが何らかの意味で客体として記録しているものを確かに認識するだろう。しかし，「客体性」というものは高度なものであって，動物にはその能力がないのではないかと私は疑っている。ストローソン（『個体と主語』，1979年，みすず書房）は，特徴機能（大まかに言えば，例示のために個別の客体を必要としない，特性のような一般概念）という観点から，より単純な記録形式について説明している。その標準的な例は，「雨が降っている」（It's raining.）のような表現に対する私たちの解釈である。ストローソンの説明によると，この表現は雨が降っているという特性を持ったものとして世界を必要とするものであるが，雨を降らせているものを必要とはしていない。ここではペットたちが「またトラのぬいぐるみだ」（It's Tiggering again.）と認識するなど，この種のこと以上の何かをなしうることが示唆されている。赤ちゃんが同様のやり方ではじめから両親を認識しているということも可能である。"Hurrah! More mama!"Ruth Millikan, "A Common Structure for Concepts of Individuals, Stuffs, and Real Kinds: More Mama, More Milk, and More Mouse," *Behavioral and Brain Sciences* 21, no. 1 (1998): 55-65; and "Pushmi-pullyu Representations," *Philosophical Perspectives* 9 (1995): 185-200.を参照。

3. 重要なのは，確固たる世界観に挑戦する仮説や観察を妨げないことである。最大の科学的進歩の中のいくつかは，（たとえば，黒体放射のように）まさにそのような場合から生じている。 むしろ，グゼルデレと私自身を悩ませたのは，講演者が私たちに信じてほしいと思っていたことが，私たち全員が信頼している世界観全体に反するという事実について，彼に責任を負うだけの用意がなかったということだった。講演者は気づいていないようであったが，聴衆が鋭く意識していたのは，彼の考えを信頼できるものにするためには，少なくとも認識される必要があり，最終的には対処する必要がある認識論的および存在論的負担の重大さであった。

4. 偶然にも，受話器を取った瞬間に，都市全体で停電があった。また偶然にも，私が取り上げた受話器は，外出中のルームメイトが元に戻す際に，壁に差し込まれていなかった。もともと鳴り続けていた呼び出し音は，部屋にある別の電話のものだったのだ。

5. その出来事が起こった直後，自分がまだリビングにいることや電源が切れたことなどに気づいた後に，私はさらに侵入者の脅威，暴力などといった平凡な形の恐怖に襲われた。だが，それはその前の実存的な恐怖を超えるものではなかった。

6. それは，世界が「客体」であるという意味ではまったくない。そうではないし，そのはずもない。これが別の時代であったなら，私たちは世界のことを神と呼ぶかもしれない。少なくとも「神」とは「存在の根拠」の名前であるという，パウル・ティリッヒ（1886～1965）の言う意味での「神」である。存在の根拠とは，概して言えば，ここで私が「世界」という言葉で言及し受容しているもののことであり，唯一の勝利者のことである。

第10章　計算と判断力

　ようやく本書の題名（原書のサブタイトル：RECKONING AND JUDGE-MENT）について説明することができる。

　システムや人間，機械は，自らの範囲を超えた世界に対処し，この世界を乗り越え，この世界の中で自己の計画を実践し，この世界について論理的に思考し，この世界にコミットしこの世界に対して敬意を持つことになるのであるが，ここまでは，システムや人間，機械が，このような意味での世界について考え，またその世界に向き合うために必要とされるものの概略を示そうとしてきた。システムは，この世界において具体化され，そこに組み込まれているだけでなく，この世界を世界と認識しなければならない。システムが外観と現実を区別して現実を選択し，善悪の区別を認識して善を選択し，真実と偽り，不可能性を区別して真実を選択するためには，少なくともこのことが必要である。システムがさまざまな存在，現象，人間，状況などを記録するためには，少なくともこれが必要なのである。システムは自らが直面している世界に存在するあらゆるものを記録しなければならず，システムが理解しているあらゆるものは説明可能なものでなければならない。

　このことは，人類が認識に関して成し遂げてきた遺産であって，私たちにとって計り知れない利益である。

10a・動物

　ここまで動物についてはまだ何も述べてこなかった。

　人間以外の動物には，ある意味で世界に対する説明責任があると私は考えている。

　言うまでもないが，動物には非常に多くの種類が存在しており，ゴキブリに課される説明責任の形は，ジャガーやチンパンジーに課される説明責任の形とは大きく異なるだろう。説明責任の内容にはどれだけの差異があるのか，つまり相違点や類似点の程度に関する説明は他の方にお任せする。また，そのような説明には私たち人間も動物であるという事実が含まれていなければならない。人間やその他の動物についてのいかなる理論も，それらの（生物

的）構造，進化，発達の連続性を無視することはできない。

　私たちの知能に寄与する能力について，私たちと人間以外の動物（特に高等霊長類）とでどれだけ類似しているかということは，私が特別な専門知識を持ち合わせていないもう一つの主題である。人間以外の動物がそれぞれの種に適した認識の形態を有していることは確かに事実である。中には，極めて鋭く正確な知覚（または“知覚”）システムを備えた動物もいる[1]。このことは彼らの利害と関係している。物事を誤って知覚した場合，彼らは個体として，または種として生存できない可能性があるのだ。彼らは独自の注意の形を持つとともに，感情面でも敏感である。特定の点においては人間以外の動物は私たち人間よりも優れているということはますます注目されている。

　それにもかかわらず，ここまで探究してきたような，世界を世界として理解するという実存的にコミットした取り組みを人間以外の動物が実践しているとは，私には思えない。動物が，客体を客体として捉えるために必要なある種の客観性を獲得し，それによって人間的な意味での真の知性を備えることは，不可能と言いうるほどに可能性が低いことであると思われる。ペットは愛着のある客体を認識していると言えるかもしれないが，その客体は私たちの側から見た客体である。上述した四重構造の規範的コミットメントにペットもまた縛られているとは考えにくく，これが存在しないのであれば，ペットが愛着を持っている客体であっても，それはペットにとっての客体にはなりえないのである[2]。

　最も，人間以外の動物が客体を客体として記録することができないとはいえ，彼らについて次の二つのことは言うことができる。第一に，そのような動物も，彼らにとって理解可能な何らかの意味という最低限の基本的な意味で言えば，おそらく実存的にみても，世界に参加している。第二に，重要な点として，そのような動物も，彼らが世界を表象または記録している範囲では，世界についての彼らのかかわり方，乗り越え方，対処の仕方（また脆弱性の程度）に応じた方法で，世界を表象または記録している。世界は，たとえそれが私たちにとっての世界でないとしても，まさに，彼らの生活形態，利害関係，生物学的必要性などと一致する範囲では，そのような動物にとって理解可能なものだと思われる。

　動物について，またこの議論にとっても重要なのは（i）動物が世界をどの

ように理解するか，あるいは世界のどの断片を彼らが理解しているかということと，（ⅱ）動物がどのように暮らし，何を気にかけ，何に対して脆弱なのかということとの間の（進化的に切り開かれた）適合性である。これにより，動物の暮らしや認知能力に関する事柄が——私たちが人間以外の動物にその言葉を使いたいのであれば——正真正銘のものとなる。多くのポストヒューマニストの文章では動物の認識能力が過大評価されていると思うが，動物が思考や理解と似た何事かを行っているという限りでは，彼らは確かに正真正銘の方法でそれを行なっているように見えるのである。

　私は，動物を含む，自己の暮らし方や注意の対象，脆弱性の対象，実存的な関わり合いの対象を超える記録能力を持たないシステムに対して「生き物」という用語を使用することにする。AIに基づいた「ペット」（ソニーのAIBOなど）の開発からも分かるように，コンピューターを利用したこの意味での生き物がすでに，あるいは少なくとも近いうちに構築されようとしていることからすると，この用語は有用であると言えよう。すでに何度も述べたように，機械学習，アクティブセンサー，エフェクターなどを備えた人工生物が，動物が進化とともに獲得してきた本物の領域で何かを達成することは不可能ではないだろう。つまり，本書は，コンピューターを利用した本物の生物を構築するのが不可能だと論じるものではないのである（構成的な規範が，単に私たちの気まぐれに翻弄されるのではなく，合成ペットにも適用されたらどうなるかということは不明のままではあるが）。

10b・コンピューター

　同様のことは一般的なコンピューターには当てはまらない。私たちの構築する（GOFAIから機械学習までのAIシステムの大部分を含む）ほとんどの計算システムは，コンピューターそのものにとってではなく，私たちにとって重要となる方法で世界を表象している。この事実ゆえに，私たちはこのシステムをコンピューターまたは情報処理装置と呼んでいるのであり，また，このシステムが私たちの生活の中で力を持ち，私たちにとって重要な問題となっているのである。コンピューターを限定するのは，これまでのところ，コンピューターにとっては何も重要ではないということである。ホーグランドが好きだった言葉を使うと「コンピューターは関心を持たない」[3]のだ。コ

ンピューターにとって物事が重要性を帯びるのは，コンピューターが世界に対して熱心で敬意を持った実存的関与（これに呼び名をつけるとすれば，おそらく「現存在」だろう）を構築するときだけである。

　おそらく役に立つであろう相違を示す図を図8に示す。これは，人間，人間以外の動物，その他の生き物および私たちが構築したコンピューターの多くを理解するというために作成したものである。私が「本物」に分類した生命の形態は，世界に対する実存的関与の形式に適合し，これを超えない方法で世界を記録している（またはそれらが世界を自記していると私たちが自記している）生物，動物または機械の領域に存在する[4]。

　その違いに気づくための一つの方法は，人間と人間以外の動物との相互作用と，人間と典型的なAIシステムやデータマイニングサービスの出力などとの相互関係との違いを検討することである。確かに私たちは動物に話しかけることもある。しかし，動物が高水準言語[5]を使用しないという事実が私たちの意識下において提示し続けているのは，動物たちの持つ感情や理解，計画性などに関する能力が彼らにとって真に参加可能な領域に限定されているという事実である[6]。このことは，高速道路で起きた事故をiPhoneが「教えて」くれたり，ある薬を服用している患者の32.7％に吐き気が生じると医療システムが「警告」したり，もう一杯飲んだら運転して帰宅すべきでないとウェアラブル健康モニタが「提案」したりするのとは確かに違う。これらのシステムが「自然言語を使用する」という事実により，システム自体は

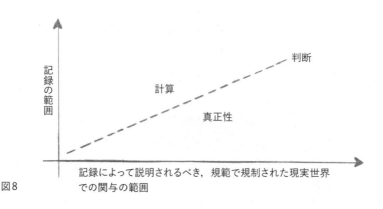

図8

交通量も吐き気も飲酒運転も理解していないという事実が私たちにとって不明瞭になってしまう可能性がある。重要なのは，このようなことがますます身近になることで，システムの種類の根本的な違いを見誤らないようにすることである。

　冒頭で述べたように，「計算」という用語が示しているのは，自己の用いる表象が指し示す対象を，これまで議論してきたような真の意味では理解できないシステム（すなわち，自己の用いる表象の内容について説明責任を負うことができず，自己の用いる表象が実在のものとして世界を表示しているにもかかわらず，そのような真の意味では世界の存在と関わっていないシステム）によって実行される表象の操作および，その他の意図的および意味的に解釈可能な動作形式である。つまり計算とは（第2世代のAIを含む）現在のコンピューターが実現しうる計算的な合理性を表す用語である。

　これとは対照的に，「判断力」という用語を使用することによって示しているのは，これまで私が言及してきたある種の理解，つまり客体を客体として把握することができ，外観と現実との間の違いを認識し，それ自体の存在および世界としての世界の完全性に実存的に関わり，客体からの恩恵を受けると同時に客体による束縛を受け，敬意を持つなどといった性質を備えた理解のことである[7]。

　この用語法は，ホッブズ（1588 ～ 1679）の「理性とは計算以外の何ものでもない」という主張を超えたさまざまな方法で正当化することができる。AIの世界では，ホッブズのこの主張を信奉している者も多いが，私がこれに同意できないことは明らかだ。私の目的は，単に，ある人が状況を「良い判断」で処理したという平易な英文によって伝達されるものと計算とを対比させるという単純なものである[8]。結果を十分に考慮せず，正義や人間性などといった高等な原理を遵守していないという意味で，判断力がない人に欠けているものを指して，私は「判断力」という用語を使っている。すなわち，判断力とは実践知のようなものであり，その中には知恵，慎重さ，そして美徳も含まれているのである[9]。

　判断が重要な理由もまた存在論である。ここまで苦労して述べてきたように，（非概念的なものの場合でも）記録というものは世界全体から抽象されたものであり，他のものを犠牲にして，あるものに近似し，暴力を振るい，

特権を与えている。このことは記録が必須であることを否定するものではない。私たちの脳（システム）のもつ能力が限られていることや世界が部分的に切断されていることを考えると，記録がなければ，私たちは有効に把握できる範囲を超えたものを扱うことができず，途方に暮れるだろう。私たちは世界を失ってしまうのだ[10]。だが，いかに記録が必要なものであったとしても，重要なのは記録そのものではなく，何を記録したかである。物事について説明することができ，その責任を負うということは，この両者の違いを知ることであり，前者ではなく後者に専念することである。

　私たちが育児を大人[11]に任せる理由と「あなたに言われたことは全部やりました！」という答えが恐ろしいほど間違っている点について考えてみるといい。私たちがシッターに望むのは子どもの世話であり，彼らが子供を記録することではない。シッターには，事前に記録した状況だけでなく，実際に発生するあらゆる状況にも対応してほしいと考える。このような形で世界に働きかけるためには判断力が必要なのであり，大人であることが必要なのである[12]。または同様に，「そのままの」あなたではなく，あなたのイメージ（記録）に恋をしている人と一緒に生活するのがどれほど危険なことかを考えるといい。あるいは，無人自動車が事故を起こしたときに損害を被ることになるのは，データ構造に表された人物，つまり，自動車が記録または想像できるあらゆるものをはるかに超えた，言葉では言い表せないほど素晴らしい豊かさや価値，特徴をもった完全な人間であることを考えてみるのもいい。コミットが可能な自動車に乗車する場合，私たちが自動車に注意を向けてほしいのは私たち自身および他者が生き延びることであり，この目的を達成するための計算上最良の方法であると設計者がかつてと考えた機械的ステップを実行することではない。そのようなコミットをなしえないのであれば，自動車は単なる計算機に過ぎないのであって，私たちは自動車のことを理解した上で，適切にこれを利用しなければならない。

　表象および記録が十分であるという保証が神から与えられている場合，判断はそれほど難しくないか，あるいはそれほど重要ではないということになるだろう。だが，そのようなことはないし，そのはずもない。そのようなことができないのが世界なのである。結局，このことを知らずに，つまり判断を介することなしに世界を世界として扱うことはできないのである。

注釈

1. おそらく，超並列ニューラルネットワークにサポートされている。

2. あるいは，ペットや生き物は，最低限の基本的な意味においては客体を客体として記録できるのかもしれない。私にとって重要なのは，動物に関する特定の説明を擁護することではなく，客体や世界の存在を把握するために必要なものを解明することであり，これにより，さまざまな種類の動物や機械にとってそれが可能かどうか，また可能であるとすればどの程度可能なのかを議論することができるようになるのである。

3. Zed Adams and Jacob Browning, eds., *Giving a Damn: Essays in Dialogue with John Haugeland* (Cambridge, MA: MIT Press, 2016).

4. 生き物の行う関与にとって重要なことは，記録自体ではなく，システムが記録しているのと同様に存在している世界であり，生き物の生存は世界が存在しているという事実に委ねられているのである。

私はこのような特徴付けが真正性の定義として成立しうることを示唆するつもりはない。誰も真正なものと考えないような，「方針に基づく」存在という基準を満たすシステムの例を構築するのは簡単である。

5. 少なくとも，私たちが知っている限りでは，動物は構成的，生産的，体系的な言語を使用していない（84ページの注釈1参照）。

6. 私たちがペットなどの人間以外の動物を，比喩や皮肉といった意図を持つことなく，彼らの世界との関わり方として適切な範囲を超えて記録する場合，すなわち，例えば「うちの犬も脱工業化社会に不満がある」などというような場合，私たちは偽りの状態を動物に帰属させるという罪を犯している。

7. 第7章で述べたように（80ページ），第二世代のAIの原理に基づいて構築されたものを含め現在のコンピューターシステムが「自らが何を話題にしているかわかっていない」のは，これらのシステムがこのような一連の特性を持ち合わせていないからである。

8. 二つの警告がある。第一に，「判断力」は，通常は行為を示すための哲学用語として使用されるが，ここではシステムが持ちうる特性または能力を表すために使用されている。第二に，私がここで主張しているのは，本書で擁護している判断力という概念が，人間のあらゆる認知活動が完全に人間の認知活動であるとみなされるために常に示していなければならない特性という意味での「精神のしるし」であるということではない。重要なことは，人間は判断を行うことなく，たとえば反射的あるいは軽率に何事かを述べたり行なったり考えたりすることもあると言えることである。

9. 実践知は伝統的に実践的判断力に関わるものとされているが，私はここではそのことについて特に関心を持っていない。それでも，適切に行動する方法を知るためには具体的な状況に基づきつつ，その状況の微妙さや複雑さがその記録を上回る可能性があることを認識している必要があると考えられる。このような考え方がすべての判断力の特性を示して

いると私は確信している。一般的に、記録を説明可能なものとするためには、世界を記録することではなく、世界に対して断固として取り組むことが必要である。つまり、これは少なくとも美徳倫理における義務論の軽視と共鳴する主題である。（たとえば、アラスデア・マッキンタイア（1929 ～）、『美徳なき時代』（1981年、みすず書房）を参照）。

10. つまり、私たちにとって世界は存在しないだろう。つまり、私たちにとっては何も存在しないことになるのだろう。「世界そのもの」は、言うならば、誰からも邪魔されることなく維持されていくのだろう。

11. 少なくとも成人形成期の者に任せている理由。

12. 大人であれば必ずうまくできるというわけでもなければ、状況の記録のされ方が法律や正義と無関係であるというわけではない。それらはすべて二次的な問題なのである。重要なのは子どもである。死ぬ可能性があるのは子どもなのである。

第11章 議論

7つのコメント

1. **人間vs機械**：冒頭で述べたように，計算と判断の区別は現在または未来における人間と機械の間の区別[1]を示したり，あるいは際立たせたりするものではない。一つの理由には，「機械」という言葉を使うことに何らかのメリットがあるとすると，少なくともある意味において，おそらく人間もまた機械である（116〜117ページのコラムを参照）。より重要な点として，真の判断力を備えたシステムが永久に生み出されない，あるいは何らかの意味で人工的な起源から生み出されることはないと言える確固たる理由はないと私には思われる。私の目的はゴーレム（ユダヤ教の伝承に登場する自分で動く泥人形。「ゴーレム」とはヘブライ語で「胎児」を意味する）を禁止すること，すなわち人工的な構造が最高の人間性[2]を獲得できないようにすることではない。

　また，繰り返し述べてきたように，すべての人間の認知活動，とりわけ局所的な活動が，私の提唱する判断のために必要とされる基準のすべてを満たしているなどということは決してない。言うべきことはたくさんあるが，おそらく私たちに言える最善のことは，大人の人間は自分の行動を説明できなければならないということである。あらゆる局所的な動作について，本格的かつ慎重な判断力を働かせているわけではないとしても，必要な場合にはそのような判断力を働かせることができるように行動するべきであると考えられる。より一般的にいうと，判断というカテゴリーを構築することで私が目指しているのは，（人間であれ機械であれ）問題となっているシステムが満たしうるかどうか，また満たしているどうかを実証的に確認できるような認識に関する適切な基準を確立することである。

　このことについて検討する別の方法は本書の冒頭で提案した。AIの発展によって生じる課題の一つは，この発展が私たち自身の感覚だけでなく，人間であることの構成的な基準にどのように影響し，また影響すべきかということである（「人間」とは生物学的な用語[3]であるだけでなく，部分的には規範的な用語でもあるからである）。つまり，AIは人間が暮らしている世界だ

機械

「機械」という用語には，おそらく人間には適用できない含意が少なくとも二つある。「構築されている」と「機械的である」という含意である。だが，二元論者でない限り，また子どもを持つことは人間を「構築」する形式ではないという信念をアプリオリに受け入れない限り，前者が人間に当てはまることを否定することは困難である。そのことは明白だと思われるかもしれないが，その理論を擁護するのは簡単ではない。自然に出産するだけで「子どもたちのしくみ」を理解できないことは言うまでもないことであるが，とりわけ（コンピューターを機械たらしめている）コンピューターの構成上の規則性が機械学習アルゴリズムから生じており，このアルゴリズムの「陰謀」の詳細を私たちが把握していない場合には，私たちが考案したコンピューターシステムについても，次第に理解ができなくなるだろう。機械であるためには構成上の規則のレベルでエンジニアが理解されることが必要であるとするならば，MLベースのシステム（画像「認識」，「診断」システム，「プランナー」など）は，機械の領域の外にあるものと考えらなければならないだろう（そして，構成上の規則を一定のレベルでのみ理解するというのでは，私たちを機械から十分に区別することはできない。なぜなら，私たちは生来的な意味での私たち自身をつくっている酸素，水素，炭素などがどのように機能しているのか大体しか理解していないからである）。

再び，機械的であるということについてだが，二元論者でない限り，（「機械的」という言葉が私たちにはないような特殊な物理的形態を意味するものではなく，そしてこのような解釈が上記のようにコンピューターをも除外してしまうようなものでない限り）私たちは構造的に機械的であるだけではなく，ある意味においても機械的である。だが，そうだとすればコンピューターも構成的に機械的ではないということになる。なぜなら，コンピューターが行う計算は，構成的に意味論的または意図的な概念であると思われるからである。繰り返しになるが，このような理由により人間が機械でないとする場合には，コンピューターもまた同じことになる。

言い換えれば，私たちが機械的なものの範囲に含められてしまうか，あるいは，少なくともおそらくは現代のコンピューターがそこからこぼれ落ちてしまうかのいずれかである。どちらの選択肢も，AIに関する「人間対機械」という明確な区別を支持するものではない。

けでなく，人類そのものにどのような影響を与えるべきであるかという問題である。ここで説明した「判断」を真の大人の思考を構成するものについての決定的な基準として確立することによって，私たちが，計算作業を人工的な構築物に委ねるとともに，人々についての要求を釣り上げる，すなわち，人間であると言えるための基準を引き上げることができるのであれば，判断をあまりに理想的なものへと格上げしてしまわない限り，私たちが失敗することはほとんどないだろう。

2. **詳細**：計算と判断の違いを述べる際に，判断から導かれるものについて詳しくはほとんど触れていなかった。たとえば，判断に含まれる必要不可欠な価値観や実存的コミットメントは，文化的に見た場合に局所的なものであり，総称的に見た場合に人間的（人道的？）なものであり，あるいはまた，より広い領域を持つものである，あるいはあらねばならないのか，などといった，多種多様な問題が生じる[4]。世界に対する説明責任（多くの人が「世界」という言葉で呼んでいる存在論を経た後の現実に対する説明責任ではなく，「もの」，すなわち記録されたものに対する説明責任）は，真実だけでなく倫理の根拠としても機能するという考えについて述べ，実際にこれを支持してはいたものの，ここでは擁護してこなかった。同様に，判断力を持つためには歴史があることや社会に巻き込まれていることが必要とされるのかなどの疑問に対しては，答えを出さないままにしてきた。また，人間，機械，制度，慣行，価値観，その他その構成要素のいずれかの判断に起因しない判断が可能なものを組み合わせることができるのか，また組み合わせるとどうなるのかなどといった問題についてまったく触れてこなかった。

　私たちが構築しているシステムの能力についての現実的な理解が確立されれば，これらの質問は私たちの関心を引くことになるはずだと私は考えてい

る。私が望んでいるのは，人間とAIのそれぞれが占める領域についての一次地図によって，「知能のある機械が現れて私たち人間に取って代わるかどうか」という重要な問題に直面することで陥った麻痺状態から，私たちを脱出させることである。これらについて検討し，その能力を評価するのに適した概念的な装置が手に入れば，妥当，有益，実用的かつ分別のある方法でこのようなシステムをうまく配備するという私たちの目的を達成するために，答えなければならない多くの質問に，初めのうちは非公式かつ暫定的なものであったとしても，対処することができる。

3. **意識**：私が判断と結び付けている特性の中には，知性よりも意識と関係するものがあり，そのため，そのような特性をAGI（汎用人工知能）の基準として提示することは不公平であるとの主張もなされるだろう。この意見には正しい点もあるが，間違っている点のほうがはるかに多い。基本的に，このような反論は状況をまさに逆行させるものである。

　正しいと言えるのは，私が説明している正真正銘の知性が持つ特性の一部（中でも重要なのは，おそらく個別な概念の把握を超え，並外れた豊かさを備えた世界を扱っているということ）は，通常，「クオリア（特質）」および，個別の命題や従来の理論の範囲を超えていると考えられるその他の現象的な特性と関連がある。だが，結果として，ここで擁護されている判断という概念が，「単なる合理性」を超えるものをその範囲内に含んでおり，意識の領域（この項目）または感情（次の項目）の領域に進出すべきものであると考えるならば，総体的な分析の基礎にある存在論に関する根本的な点を見落としてしまう。

　所与のものであり議論の余地のないものとされる「はっきりとして確かな」概念に基づいた論理及び合理性についての現在の理論が，これらの概念に対する説明責任（これらの概念がどのようにして自らが適用される世界を抽象化し，理想化し，また公平あるいは不公平な評価を下してしているのかについての説明責任）を負うことの意味についての分析をしない場合，そのような合理性の理論の問題はより大きなものになる。（単なる感情や意識ではなく）理性によって説明されなければならない世界の様相は豊かなものである。個別の概念の範囲を超えた構想を含めて，そのような世界の特徴付け

に適した自記の構想には，さまざまなものがある。世界がこのような構想の限界を超えるものであることは，世界についての露骨な形而上学的事実であり，有用な理性および合理性の概念にとって本質的に重要な事柄である。現象学的哲学が分析的伝統よりもこの豊かさをさらに強く認識してきたものであるとしても，豊かさそのものは，形而上学の根本的な統一性がもつ基本的な特徴であり，現象論的または主観的な事実に特有のものではない。

　より一般的に言えば，私は，一方では第一世代および第二世代のAIを理解し，他方では計算と判断の違いを理解するという本書の二つの目的を実現するためには，広く受け入れられている次の二つの領域，すなわち (ⅰ) GOFAIが模倣を試み，西洋の形而上学および認識論に対してあまりに長期にわたって過大な影響を与えてきたと考えられる，議論の余地のない個別的な客体および性質からなる世界が存在するという欠陥を抱えたオントロジー的前提に基づいた，概念的に個別化された計算的合理性に割り当てられた，型にはまった領域と，(ⅱ) 世界の基礎にあるまばゆいばかりの豊かさの機微やニュアンスと調和した「主観的な」意識に割り当てられた，質的により豊かで流動的な領域[5]の区別を拒絶する必要があると主張しようとしてきた。第二次世代の計算 (判断とまでは言えない) は，世界そのものを非効率的に密集したものと認識することによって成功しつつある。判断を行うためには，途絶えることなくこのような豊かさを説明し，あまりにも不正なことをした際にはいつでも自記の構想に対する忠誠を捨てることができるような合理性を備えている必要がある。これらはどれも，意識のもつ一人称の主観的な性格と独特な関係を持つものではない[6]。

　このようにも言える。すなわち，論理とGOFAIは，チェスゲームのモデルに基づいて，合理性を記録後の (つまり「存在論」の後の) 連結運動のプロセスと見なしたために失敗したのである。機械学習は，現象学者が長い間理解してきたこと，つまり実際の (自記されていない) 世界に対して自記を説明可能にすることは，知性，合理性，および思考の一部であるということに対して私たちが目を向けさせるのに役に立っている。このような洞察により合理性，理由，思考に対する理解が修正され，このことが今度は逆に意識についての私たちの理解に影響を与えたり，調整したりするのであれば (そうするべきでありそうなるであろうと私は確信している)，望ましいことであ

る。だが，これは現実の本質から意識へという影響関係の方向であり，その逆ではない。

4. 感情：計算と判断の違いは，理性と感情の違いとは異なる。専念すること，打席に立つこと，関心を持つことなどは，行動を誘発し，やる気を起こさせるものであるため，感情的な状態に違いないと感じる人もいるかもしれない。多くの理由から，これは根本的に間違っていると私は確信している。本物の判断をするには無関心さと冷静さが必要なのであり[7]，初心者にとっては，感情的な状態に最も顕著な特徴である浮き沈みの大きさから解放されることが重要である（子どもたちに熟慮の上での判断をさせる際には「感情は脇に置いておきなさい」ということがあるが，これは適切なことである）。対人関係におけるコミットメントもまた，これを永続させるためには，私の著書の言葉で言えば，感情を十分に超えるものでなければならない。

　だが，現在重要なのは感情を非難することではない。感情は，人間性を実現したり思いやりを教え込んだりするために不可欠であると主張する人もいるところである。むしろ，上述のように，現在のコンピューターが得意としている形式論理のようなものをモデルとして，知性および合理性を理解することが適切であるという考えは拒否したいと私は考えている。つまり，一方では世界に対するコミットメントや献身，強い関与を欠いたものとしての「理性」と，他方でそのような行動を良しとする指向の態度のために認められる唯一の場所としての感情や愛着との間に，通常なされている峻別を拒否しているのである[8]。カリス・トンプソン[9]の言葉を借りてこのことを表現するならば，ロゴスを計算に委ね，判断をパトスに避難させるのは破滅的なことであると私には思われる。「良い思考」には合理的な理解を感情や愛着と組み合わせることが必要だという，次第に人気が高まっている主張でさえも，このような合理性についての貧弱な理解を受け入れているものである。

　そのような誤解の例として，産業時代の機械が人間による手を使った仕事（肉体労働）に取って代わり，第二次世代のAIシステムが人間による頭を使った仕事（精神労働）を代替するようになると，人類に残されるのは心の労働，つまり情熱，性格，そして協調精神だけであるというトーマス・フリードマンの主張[10]について考えてみるといい。この主張は表面的にはエレガン

トだが，致命的な欠陥がある。この主張は，理性自体の基礎にあると私が主張する慎重な判断を「消失」させるものであり，それゆえに，本物の知性および冷静な調査につながるあらゆるものから目を逸らすものである。真実を決定し，支持し，そのために闘うということ（これらはすべて理性の基本的構成要素である）は，コンピューターが現時点でなしうることをはるかに超えた，積極的でありかつホーグランドが言うようところの「断固たるコミットメント」が必要である。

5. **責任**：第五に，本物の判断ができるシステムだけが，その行動および意見に対して真に責任を負うことができる。自動誘導システムが原因となり飛行機が滑走路から外れて山に衝突した場合，システムが「故障した」と言うのが通常であるが，「誤り」があったとさえ言えるかもしれない（私は"誤り"と書きたいところであるが）。だが，私たちは，現在構築可能なコンピューターシステムにこのような重大な事故に対する責任があると考えることには躊躇するだろうし，またそうすべきである。実在的にコミットされ，判断力を備えたシステムだけが倫理的な主体の立場を担うことができる。

　歴史的に言えば，人間的な判断をなしうるシステムのみが責任を担いうると言われてきた。私が人間と機械という区別を避けている理由の一つは，「人間的な」という限定詞が必要ともされず，またそれで十分であるとも言えないほど十分に実質的な判断という概念を発展させる余地をつくることである。私たちは，判断をしたのが人間なのか機械なのか（または政策，慣行，法律，コミュニティなどなのか，あるいはそれらを融合したものなのか）ということについて偏見を持つことなく，問題となっている作業の責任がどこにあり，またどこにあるべきなのかを問わなければならない[11]。

6. **倫理**：二つの理由により，これまで私は倫理に関する話題を意図的に取り上げてこなかった。第一の理由として，倫理とAIについての実質的な議論をするためには，AIとは何であり知能には何が必要かなどといった私が本書で取り組んできた問題について，これまで考えられてきたものよりも深い理解が必要であると私が長い間考えてきたことが挙げられる。したがって，本書は，AIに関する倫理的問題についての有意義な議論を行うために必要

だと思われる考え方の一部を説明するための試みとして理解されるものである。第二の理由として，本書で再度示しているように，一部の人には魅力的かもしれないが，AIの問題について倫理というレンズを通してアプローチすることが，AIの性質，能力，役割，影響およびその適切な利用法に関する最も深遠で，最も深刻な問題に到達するための最善の道であるとは私は考えていないということが挙げられる。

　最も，実質的な議論の準備段階として，倫理に関する導入的なコメントをすることは可能である。　一方で，計算技術の発展によって生じた倫理に関する（重要な）問題の多くは，詳細にみれば前例のないものであるが，遺伝子組み換え生物，ソーシャルメディア，核兵器などといった新しい技術の展開でも見られたなじみのあるものである。AIシステムそのものが道徳的な主体であるということ，つまり，自らの行動に対して倫理的な責任を負うことができる（したがってそうする義務がある）ということの意味を問う際に，おそらくは子育ての文脈以外では見られないような従来のものとはまったく異なる考慮がなされる。まだその段階には遠く及ばないと思われるが，私たちの創造物が「自分で考え」はじめたとならば，そのときに問題は生じるだろう。　私の見解は単純明快である。そのようなシステムは，まさに本書で議論されているような形の判断の一つとして理解される道徳的な判断をすることができなければならない。

　そのような理由によって，道徳的な主体になりうるAIが，明確に示された道徳理論を保持するあるいはこれに依拠しているという意味で，倫理的な概念を明示的に利用することができなければならないということではない。道徳的な理論を明確に保持しているわけでない若者たちでも称賛すべき倫理的判断や行動を（またおそらく超自然的な知恵をも）示すことがあるが，同様のことは人工システムにも可能かもしれない。それとは反対に，倫理的価値および価値観についての記号表現を計算し，操作できるように設計されているけれども，表象すべき内面的な状態として私たちが把握する実体について真の意味で言及する能力さえ持たない計算システム，すなわち，本質的に言って倫理的な行動をまったくなし得ないシステムを想像するのは簡単である。人間においても機械においても倫理の基礎となっているのは，主体の（半自律的な）判断の道徳的な性質，すなわち世界に対する意図的な方向づけや

敬意，関わりなのであり，第一義的に言えば，明確な（倫理的）理論の有無ではない。

　今日の激しい議論の対象となっている自動運転に関して言えば，次の点を追記することができる。混乱を引き起こす可能性がある点はまずは脇に置くとして，この問題に関して「トロッコ問題」[12]（「ある人を助けるために他の人を犠牲にするのは許されるか？」という形で，功利主義と義務論の対立を扱った倫理学上の問題・課題）を提起することの難点の一つとして，人間がそのような状況でどのように行動するのかがほとんど分からないという事実にもおそらく反映されているように，運転には慎重な推論が必要であるという前提が存在する。人間の場合は複雑である。人間のドライバーにかかる認知的な負荷を最小限にするために，私たちは道路を建設し，交通パターンを制限し，複雑な社会的慣行を開発している。道路が角を曲がっても続いているのか，それとも崖になっていて転落してしまうのか，前の車両が路面から飛び出したフックに引っかかって急停車するのか，人間の運転手が毎回新たに評価する必要があるというのは実際には危険なことであろう。人間の運転手は，物体の配置や社会的慣行，規範によって可能な限り多くの判断が引き受けられ，また予示されている高度に管理された領域内でのみ説明責任を負うのである。

　とはいえ，私たちが社会として直面している問題は，（おそらく非常に鋭敏な）計算システムによって運転された車両が全体的に見て最大限に安全に走行できるように交通を制御することである。たとえば長距離の高速道路のような一定の状況下では，現在航空機で行っているように，運転状況を十分に制限することで，信頼できる計算システムを用いて十分な安全性を実現できる場合がある。つまり，現在想像されている自動運転を実現するための理にかなっていると思われる方法の一つは，それらが利用できるさまざまな種類の情報を計算のみで組み合わせることで，私たち人間が安全であると判断するような結果を導くことである。そして，判断に近いものに実現するシステムは開発されつつあり，これが実現すれば，それらを安全に展開できる状況が次第に増加するであろう。だが，これまでずっと強調してきたように，判断の自動化が目前に迫っているようには私には思えない。

　結論は次のように一般化される。本格的な判断を必要とするタスクについ

ては，これを計算システムに委ねるべきではないし，また計算システムを信頼してはならない。つまり，一方で適切または確実に機能するためには判断が必要あるにもかかわらず，他方でそのような知的能力をまったく持たないシステムを不注意に使用したり頼ったりしてはならないのである。

7. 構築：最後の点であるが，判断がどのように構築されるかについて，私はこれまで何も言ってこなかった。詳細は誰も知らないと思うが，いくつかの点についてはこの段階で指摘することができる。

はじめに，すでに言及した判断の構造に関する三つの事実に注意していただきたい。第一に，（正しいこと，真実を語ること，信頼できることなどとともに）判断もその一例であるところのすべての意図的および意味的な特性は，効果的ではない関係的な性質である[13]。このような特性は，機械の内部にあるものの機械的（効果的）な形状についての事実ではない[14]。したがって，判断の存在に関するあらゆる問題は，機械的な形状ではなく，「解釈の下における」システムに関する問題である。第二に，同じく強調されてきたことであるが，判断は，システムがどのように機能するか，すなわち，物事が他のこととどのように結びついているか，矛盾する証拠に遭遇した際にシステムが何をするか，ある知覚的な出来事がそれ以外のどんな出来事またはプロセスを引き起こすか，また，全体の状況に対してどのように反応するのかなどといった総合的な特質である。したがって，解釈の下においても，判断はアーキテクチャの分離可能または絶対的な性質であるとは言い難い。第三に，判断は，システムが世界に対して与えている自らの内部状態や表象を上回る優越性，換言すればあらゆる入力値，策謀および内部プロセスが示す形式を超えた優越性と関連している，内部構造の観点から見た場合に「世界に対して与えている優越性」どのようなものであるのかは，現時点では誰にも分からない。

いくつかの結果が直接的に導かれる。第一に，システム内部における判断の存在は，システム全体または個々のレベルより下のいかなる実装レベルでも検出されない可能性がある。

判断の存在がシステム内部のアーキテクチャ構成において，「それとして識別できる」活動の構造または形式によって認識される可能性はほとんどな

い。(論理システム内の「真の」文の存在または形状が，構文的な形状のみに基づいて確認されることがないのと同様に)判断の存在が効果的に検出できる神経的または機械的な相関関係を示す可能性はさらに低いものである。つまり，人間のfMRI (MRIを利用して，ヒトおよび動物の脳や脊髄の活動に関連した血流動態反応を視覚化する方法の一つ)を用いたとしても，また人工的なシステムの有効な状態についての類似した説明や図表を用いたとしても，そのシステムが信頼可能な判断につながるものをもつかどうかを明らかにすることはできないだろう[15]。

　第二に，世界に対して与えられた内部の表象または状態を超える優越性が構成的に重要なものであることから，その判断について説明責任を果たすために必要な要素を満たすような形で世界そのものと関わっていないシステムでは，判断を実現することができないだろう。判断をなしうるのは，世界に参加しているシステムおよび生物なのであり，単なる傍観者や世界から分断された計算者は決してそこに到達しえないだろう。

　第三に，すでに指摘したように，真の知性は，現在考えられている科学の範囲内，つまりブランケット理論の方法の枠内から説明することができるとは思わない。これは物理的メカニズムおよび因果関係の説明についての(少なくとも現在の)科学による取り組みが原因である。すなわち，それが有効でない意味論の領域と実存的なコミットメントの規範的な性質の両方を包含する能力を阻害しているのである[16]。

　このような考え方が，真の知能またはAGI (汎用人工知能)に値するものは，これまで行われてきた処理能力の向上，実用的な開発の加速，新しい科学技術研究などと「似たようなもの」によっては達成されないであろうという本書の最初の文章の基礎に置かれているのである。現代の研究は，効果的なメカニズム，アルゴリズム，アーキテクチャ構成などに焦点を当てる傾向があるが，これらはいずれも，審議および判断についての洞察につながるような正しい考え方に基づくものではない。

　何がシステムを判断に導くことができるのだろうか？　育児は示唆に富んだ例である。

　人々の判断を向上させるには，たとえその必要性が表面的に明らかでなく

ても，判断が必要な状況における介入，説明，指示などといった，長年にわたる継続的な熟慮，指導，審議が必要である。指導および指示が必要なのはどのような状況なのか？　介入および指導の必要性はどのように判断されるのか（またどのような種類の介入および指導が必要なのか）？

これらは，すべての親が継続的に取り組んでいる課題である。問題，症状，推奨される行動方針は，人間の文化，すなわち（すべての主要な歴史的文明における究極の問題の管理者として機能してきた宗教的伝統を含む）何世紀にもわたる文明のなかで培ってきたと私たちが考えている行動および思考のパターンに深く組み込まれている。子どもの教育を管理する者，つまり両親，学校，宗教機関，指導者，文学，コミュニティなどは，何世代にもわたってつくられたこの文化的遺産およびスキルを基礎として，世代から世代へと受け継がれてきた注意や知恵，熟考を獲得させようとしている。

子どもに要求することも存在する。各段階において，子どもは，さまざまな行動または反応の適切性や結果などを十分に評価するために，自分自身の行動を振り返り，自分が取り組んでいる状況の「外に出る」能力を成長に応じてより高度に身に着けていく必要がある。とりわけ，あらゆる特定の場合でどのような考慮をすることができるか，またはどのような検討が行う価値のあるものなのかについては，原則として制限はない。適用可能な基本原理も多数存在するが，そのような根本原理を明確な形にしようとする試みは，ほぼ確実に無駄なものであるし，文脈を無視したものである。

・・・

このことは，AIやコンピューターシステムに関して，一般的にどういう意味を持つのだろうか？　おそらく少なくともこういうことなのであろう。すなわち単なる「倫理的感性」だけでなく，世界に対する意識的な関わり合いについての知的な認識をも着実に発展させて教え込むことができる教師（「年長者」）との深い関わりを伴うとともに世界とも関わる規範的な実践に，徐々に，段階的に，体系的に巻き込まれるという方法の他に，人工的なシステムを訓練して判断をなしうるようにする方法を明らかにすることは難しいということである。

これはAIにとって現実的な前進ルートなのだろうか？　それは私が言うことではない。最初から明確にしてきたように，AI設計者の想像力を止め

ることが私の目的ではない。だが，総合的な判断が私たちの目指す目標であるならば[17]，これらは受け入れなければならない目標であるだけでなく，実行しなければならない手段でもある。それが正しいことが証明された場合，総合的な判断を実現するには，研究の性質を大きく変更し，アプローチを根本的に広げる必要がある。第8章で7つの基準を示した目的の一つは，元々のAIの夢を実現するために必要となる対応について提案することである。

　なお，進化論的な説明や深層強化学習の支持者達が，文化および個人の発達を模倣するように設計された適切な「報酬構造」ないし「脅威」を用いることで，このプロセスに取り組むことができると主張することを私は予想している。少なくとも二つの理由により，そのような戦略が成功するとは思えない。第一に，そのような戦略は，システムを，その内部表現に対する関与ではなく，世界に対する敬意ある関与へと導くような世界との関わり合いというよりも，むしろ道徳についての打算的な計算へと迷い込ませる傾向があるように思われる。さらに，報酬の統制によって，真の意味での実存的な脆弱性を単純に活用することで十分である可能性は低いように思われる。よく知られているように，刺激と反応，すなわち報酬と罰という単純な行動主義者のパターンをどう用いても，人間の寛大さや優しさを「お金で買う」ことはできないのである。合成生物の場合には，これと状況が異なっていると考えるに足りる理由はない。

　判断を行うためには，あらゆる個人の理解を超えた文化的で歴史的な過程を通じて，その重要性が築き上げられた実践および実体の存在論的な絡み合いの中にある，認識論的かつ存在論的な微妙さに対する細かく研ぎ澄まされた感性が必要である。道徳的かつ倫理的な育児や，教育，見習い，養成，指導，そしておそらく友情の着実な過程以外の何ものかによって，合成装置に判断を浸透させたり教え込んだりできるようになる可能性は低いと思われる。

注釈

1. 判断力は人間の特徴ではなく，おそらくは人間味の特徴である。
2. 前注を参照のこと。「最高の人間性」と言えるかもしれない。
3. ワニはワニになろうとする必要はない。どんなに怠惰で奇妙で大変に暴力的であって

も，ワニであるということについてのワニたちの主張は確固とした基礎を有するものである。だが人間の場合は違う。私たちは人間であるというために努力をしなければならない。「非人道的」な行動をとると，少なくとも人間の仲間の一員になるのに必要な最低限の倫理基準や，おそらくは善人の倫理基準もまた達成することができない。ホモ・サピエンスであることと完全な人間であることとは別のことなのである（ワニは，「ワニではないもの」になってしまうことを恐れる必要はない）。

つまり「人間」というカテゴリーは，生物学的なものであるだけではなく，規範的なものなのである。それは，善悪や良し悪し，すなわち価値や道徳，また精神のような科学革命の初期に，デカルトが物理的な問題から切り離した「知識の樹木」により不朽化されたやっかいな解釈の問題とも関連がある。

4. アラスデア・マッキンタイア *Whose Justice? Which Rationality?* (London: Duckworth, 1988) を参照のこと。

5. それは，概念の抽象化に対する過度な忠誠という，近視眼に関してのみ「根底にある」ものである。機械学習が我々に対して少なくとも警告するべきことであるが，世界のもつ消し去ることのできない多様性について「隠された」ものは何もない。

6. 意識には，一人称的で共有できないという排斥しがたい性質を含む独特の特徴があるが，これについては，他の機会に取り上げる（例：未発表の原稿「誰が3番目？ 意識の物理的基盤」）。だが，現象的なクオリアが意識に特有の性質であるとすることと，それが科学的に説明できないものであることは，どちらも現実の性質についての存在論的に不適切な理解に基づくものであると私には思われる。

7.「はじめに」注2（15ページ）を参照。

8. 他にもさまざまな問題が存在するが，自らの考えの真実性，自らの記録の適切性および自らの視点の公平性についての冷静な関心だけでなく，事故への寛容さ，バイアス，偏見，私利私欲および遺恨などをも感情という一つの枠の中に引き込むのであれば，いわば「良い」感情と「悪い」感情について，後者から前者を区別するための手段が必要となるだろう。私の著書ではこれを冷静な判断に基づくものであることを必要とするであろう識別作業とよんでいる。

9. カリス・トンプソン，個人的なコミュニケーション，2018年。*Getting Ahead: Minds, Bodies, and Emotion in an Age of Automation and Selection* の序文を参照。

10.「手から頭，そして心へ」，ニューヨークタイムズ，2017年1月4日。

11. この処分は注意して扱う必要がある。第一世代および第二世代のAIに判断を委ねるべきとの圧力のもとで，責任とは何であり何を必要とするものなのか，また人間と機械の両方に責任を負わせるべきと私たちが考える際の基準を緩和することは悲惨なことであろう。「はじめに」の13〜14ページを参照のこと。

12. トロッコ問題はフィリッパ・フット（1920 ～ 2010）が広めたが，その起源は20世紀の初めまでさかのぼる。この問題は，さまざまな道徳的な帰結をもたらす状況がある場合に，その結果に影響を与えるために介入することと何もしないこととの違いに関するものである。 自動運転に関する議論で問題となるのは，（高齢の死亡者の増加か若年の死亡者の減少か，あるいは歩行者よりも乗客を優先するのかなどといった）明確に道徳的な結果をもたらす二つの行動方針からの選択という単純化されたものであることが多い。

13. これらを関係的性質と呼ぶことは技術的に疑わしい。なぜなら，一般的に，関係的性質は他の二つ（またはそれ以上）の存在論的に安全な存在に関連するものと考えうるからである。しかしながら，ここで提案されている形而上学的および存在論的な世界観においては，自記にかかる性質は部分的には（完全にではない！）あらゆるものがそれ自体であることの構成要素なのであり，そのため意図的または意味論的な性質に「関連づけられた」存在は，関係的性質という用語を用いる場合を除いて，必ずしも存在論的に個別化可能なものである必要はない。

14. 意図的な行為の対象が内的な過程，または構造となる内的な参照でさえも効果的な関係ではないということの説明については，私の近著 *Computational Reflections* を参照のこと。

15. 純粋な計算システムにおいてはおそらく存在しないであろうが，実存的な不安に対応する化学物質またはホルモンが存在するのとむしろ同じように，判断に対応する神経的または機械的な相関関係があるかもしれないと主張する人もいるかもしれない。しかし，このような主張は現時点では合理的に正当化できる何ものかというよりも，幻想的な見解である。

16. 記憶についての心理学理論は，記憶が関係している状況や現象（子ども時代の経験など）において正当に科学的であり，極めて筋道だったものであると主張する人もいるだろう。難しいのは，そのような説明は記憶の内容には当てはまるかもしれないが，機械的な科学概念の枠内では，そのような遠位にある世界の状況が記憶の内容となる理由を説明できないことである。（もちろん，それらは記憶が喚起または報告されたときに，被験者が語った状況であるということには意味がないだろう。問題が繰り返されるだけである。機械的な科学的説明は，どうやって彼らの発言が何についてのものであるかを説明できるのだろうか？）

17. AGI（汎用人工知能）を開発するための現在の取り組みが終了することを想像するのは難しいが，私たちがそうするかどうかという問題については，私はここで態度を明確にしないつもりである。

第12章　応用

　前の章で説明した7点の影響は，技術的な性質をもつものではあるが，極めて重要な三つの問題にこれを応用することにより，評価することができる。

12a・参照

　一つ目の問題は，参照の本質に関することである。これまでに述べてきたように，判断を行うためには自記を説明可能な状態にする必要がある。このためには自記される世界へのコミットメントが必要となる。これまでにも強調してきたように，自記に対するコミットメントでは不十分なのであり，自記の対象である世界に対するコミットメントでも不十分であることもここまで来れば理解できるだろう。必要なのは，むしろ自記されたものに対するコミットメントである。重要なのは，自記することと自記されるものの違い，すなわち，実質的には記号とその対象の違い，地図と領土の違いではない。むしろ，重要なのは形而上学的にさらに根本的な点である。つまり存在するものとして自記されたものとしてのその存在を超えたところに，常に自記しきれなかった余りが存在するだろう。あなたは一人の人物であるが，私が行った一人の人物としてのあなたの自記によって把握されている以上のものがあなたにはある。そして，私があなたに言及する場合，私が言及しているのはこのような完全なあなたなのである。ある議論が素晴らしいものであると自記するためには，その議論が素晴らしいかどうかだけでなく，当然のことながら[1]，それが議論でもあるかどうかについても言及しなければならない。一般的にいって，世界と向き合うためには，世界を解析または理解するために使用される自記スキームを「経由」して，参照および思考が世界そのものに到達する必要がある。自記された世界ではなく，そのような世界の一部に対して，私たちのコミットメントが私たちを拘束し，敬意が払われるのである。たとえ，私たちが参照するものを個別化するために使用される基準が採用された自記慣行と結びついているとしても，これが真実であって，重要でありまた難しい部分なのである[2]。

　おそらく役立つ例として，図9に示すモンドリアンの絵画と，「左上の大

131

きな灰色の長方形」という説明について考えてみよう[3]。この説明をαと呼ぶことにする。事実には反するがもっともらしく，図10は，非常に高倍率で，この長方形の上端の一部を正確に表したものであると仮定しよう。AとBは説明αと関連する最も妥当な実際の（理想的でプラトン的な）長方形の境界のそれぞれ内側と外側に位置しているが，少なくともほぼ間違いなく，灰色がかった部分Aは説明αの参照範囲内にあるのに対して，暗い色の部分Bはおそらくそうではない（白っぽい色の部分のCはそうであるか否かさらに明確ではない）。たとえば，モンドリアンが助手に「長方形を消す」ように指示した場合，Aを削除する必要があることは議論の余地がない。

図9[4]

　画像は例え話にすぎない。重要なのは，自記されているあらゆるもの（人間，戦略，国）は，それに関して自記者が把握したものだけでなく，それを指示対象として識別するために使用されるあらゆる理想化の中に含まれているもの，そして究極的にはそもそも人間が把握可能なものを，豊かさの点で上回るであろうということである。これが真実である場合に限り，自記が説明責任を負うことができる。この点は神秘的に聞こえるかもしれないが，実際には常識である。つまり私たちの理解の対象は，その「itness」，すなわち客体としての境界性と独自性を含めたそのものについての私たちの理解を

常に超越するだろうということである。

　先に述べたように，計算システムと判断を備えたシステムを区別している
ものの一つとして，前者は世界の自記という機能を果たすことで満足してい
るのに対し，後者はそれによって自記される世界に対して責任や関心を持ち，
気にかけなければならないということである。この最後の議論が強調してい
るのは，その世界に対して責任を持ってコミットするために，自記システム
は「軽快に振る舞う」必要がある，つまり自記および自記スキームを絶えず
認識論的および規範的な停止状態にとどめおくとともに，常にそれらを手放
す準備をすることで，自記のために使用されるものを正当に評価できるよう
にする必要があるということである。この場合については仏教の表現が適切
である。つまり，世界を理解するために使用している自記装置への「愛着を
放棄」しない限り，世界に到達することはできないのである。

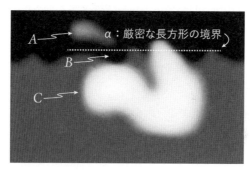

図10

長方形の厳密な境界線

12b・文脈

　二つ目の問題は，（第一世代および第二世代の双方で反復して）最初から
AI研究を悩ませ，国防高等研究計画局（DARPA：軍隊使用のための新技術
開発および研究を行うアメリカ国防総省の機関）がAGI（汎用人工知能）の
基準と特定し，「第三世代」AIの一部であると想像してきた文脈の概念とい
う問題と関連するものである[5]。問題は，コンピューターシステムに，索引
的な説明や視点的な説明（「今日」または「このドライブのメディア」などに

類似したもの）のような，文脈に応じた構造や記号を適切な方法で使用させることだけではなく，明示的または暗黙的な形で，直接に表象されるものを超えて，目前にあるさらに幅広い状況に適応できるようにシステムの"審議"を構成することである。このことは，事実上関連のある事実や現象を無視することでもなければ，「理論的には」関連性があるかもしれないが事実上関連のない，多少の常識がある者であれば誰でも関連性がないと認識するであろう無数の選択肢のいくつか（または少なくとも非常に多く）を探索するのに時間と資源を浪費することでもない。

　この問題に取り組むためには，第一世代のAIに対する認識論的批判の一部に見られる技術的な含意を検討することが必要である。この含意とは，すなわち「言葉では言い表せないほどの知識と意味付けの地平線」から思考が生まれるというものである。文脈に調和しているということは，所与の自記スキームの内から他の要因を考慮できるというだけではなく，GOFAIの時代の論理的推論のイメージのように，あるはっきりした島から別の島へと移動するように，ある自記スキームから別の自記スキームに移行できることでもある。そして，これが本当に重要なことだが，文脈を巧みに処理することは，自記後または存在後に必要となるスキルではない。第3章の図6（42ページ）のメタファーでは，コンテキスト・アウェアネス（世の中の情況を捉える技術や，それらに関する概念のこと）のためには，潜在的なトポロジーのなかを継続的かつ非言語的な形で移動する能力が必要である。これにより，システムは世界に対して組み込まれるような形で具体的に参加できるようになるのであり，また必要とされるときと場合にのみ適切な形で自記をすることができるのである。

　古くから本物の知性についての確固たる事実であると認識されてきた考え方として，適切なものであれば何でも実現することができるというものがある。あらゆる個別の推論の流れにおいて適切であると考えられ，あらゆる特定の状況において重要であると考えられうるものに限界または特定可能な制限はない。現在の分析は予想を上回るものである。すなわち，どんな自記スキームであっても予期しない状況について適切であるだろうと言える保証はない。言うまでもなく，この（英語という）言語を用いて，自記できない状況を説明することは概念的に不可能である。ただし，その方向を示すものと

して，あらゆる偏った自記の範囲が機械学習システムの訓練に適したもので
あるという考えに圧力をかける状況を想像することはできる。つまり損傷し
た航空機が運転中に頭上で不時着してしまうことや，人間が定期的にオンラ
インで脳をバックアップする社会における殺人の倫理，三次元と一次元では
なく二つの空間軸と二つの時間軸を持つ宇宙の性質などがそれである。

　唯一の「究極的な文脈」は，全体としての世界，つまり，いかなる自記スキー
ムも包含し得ないものである。言い換えれば，文脈に対する感受性は，事前
に設定された一連の自記スキームから選択する以上にずっと多くのことを必
要としているのである。つまり，文脈感受性は単に世界のモデルを持つとい
う問題ではない。そのようなモデルは，あらゆる潜在的な状況に適している
わけではない。むしろ，文脈に敏感であるためには，そのモデル（スキーム）
によってモデル化された世界に対して説明責任を負うという断固たるコミット
メントに裏打ちされた，目下のあらゆる状況に適したモデル（自記スキー
ム）を選択または開発できるということである。

　世界を視野に入れ続けるためにはコミットメントが必要である。コンテキ
スト・アウェアネスは，そのようなコミットメントに基づいている必要があ
る。その意味で，概念に対する感受性は判断を必要としているのであり，単
なる計算では決してこれを成し遂げられないだろう。

12c・TW

　最後に，この長い分析が私たちをどこに導いてきたかを検討することが有
益である。

　第3章で，GOFAIに対する存在論の点での批判は根の深いものであると
述べた[6]。言うまでもなく，それは存在論への批判ではなく，AIシステムへ
の批判であり，これらのシステムが理解すべき世界についての形成された存
在論的な仮説と関連するものであった。この批判を組み立てる際に，私は「存
在論的」という用語をおおよそ「存在するもの」，つまりどのような客体，
特性，関係が存在するかという意味での世界の諸要素を指し示すために使用
した。

　また冒頭で私は，第二世代のAIの最も重要な貢献の一つとしては，異な
る存在論的な見方への窓を開いたという事実が挙げられると述べた。だが，

私たちが到達したところからすると，それは不正確な特徴づけであったことがわかる。MLの影響ははるかに大きいものである。このような新しいシステムと，それを構築する過程で収集した経験は，存在論そのものについて，つまり，客体とは何か，個体化がどのように生じるのか，客体の「下」にある世界がどのようなものかについて（つまり，客体，特性，関係の個別化が行われるレベルの抽象度で把握されているものよりもさらに詳しく）教えてくれている。言い換えれば，第2世代のAIは，極めて形而上学的な存在論の基盤についての洞察を私たちに与えてくれる[7]。私ははじめに，本書は存在論的な色彩の強いものになるだろうと述べた。この点について必要な区別をしていたのであれば，存在論的で形而上学的な色彩の強いものと言うこともできただろう。

　私たちがここまで見てきた第二世代のAIは，私が長年言ってきたことを示している。つまり存在論は自記を実践する文脈で表われるのであり，事前に与えられた世界の構造ではないということである[8]。さらに，AIに直接適用できる問題として，適切な自記スキームの決定を含めた自記は，知能そのものの（最も重要な特性ではないとしても）きわめて重要な特性の一つである。率直に言って，AIにとっても，またAIをその一部に含む知能に関する広範な研究にとっても，単に存在論についての仮説を立てるだけでは十分ではなく，存在論とは何かについて説明をする必要があるのである。

　自記についての調査，そしてそれに基づく存在論という主題から人工知能という研究課題への移行は，近時の展開によって生み出された最も重要な哲学的および科学的成果の一つである。

MLと第二世代のAIからこれだけのことを私たちは学んできた：
1. 非概念的な（潜在的）詳細に浸されることで概念が引き出す力を評価するためには，概念と概念的推論についての理解を見直す必要がある。
2. 自記について理解し，世界を可能な限り適切に自記することはおそらく最も重要な知性の特徴であることを認識する必要がある。
3. AIおよびAIをその一部に含む知能についてのより広範な研究にとって，知能が存在論的に構造化された世界の中で展開されるシステムの能力であると仮定することは不十分である。存在論は知性の成果なのであ

り，その前提ではないのである。

　だが，それだけではない。AIに対する要求を高度なものとしているのは，本物の知能（最高レベルの知能，判断を引き受けることのできるあらゆるもの）は，少なくとも潜在的な意味において，自らの行動を規範的かつ実践的に管理できる程度のこのような存在論的な点を理解する必要があるということである。これまで全体を通して強調してきたように，判断を行うためには，第一レベルの表象あるいは自記それ自体（すなわち，最初から述べてきたように，データ構造，人物の画像，説明または用語）に対するコミットメントではなく，第二レベルのもの，つまり（テーブル，機械工などといった）自記された世界に対するコミットメントですらなく[9]，私たちが第三レベルの表象と呼ぶであろうものに対するコミットメントが必要である。第一世代のAIシステムも第二世代のAIシステムも，このような第一のレベルの表象から第二のレベルの表象への移行を果たしたとは思われない。だが，判断を行おうとするものはどのようなものであっても，第三のはるかに要求の厳しいバージョン，つまり（テーブルや緊張緩和のようなものとして）一定の方法で自記されたものへのコミットメントが必要である。いつものことながら，この説明に出てくる「世界」は，私たちが通常世界と考えているもの，つまり太陽のまわりをまわっている惑星，多種多様な社会的かつ政治的な事象，生物学的な動乱のことを指しているのではない。むしろ，このような第3レベルのコミットメントとの関係で理解できる唯一の意味における世界は，これらすべての根底にあり，それを引き受けているものであり，存在の根拠であり，一つのものである。

　「一つのもの」または「存在の根拠」という観点から世界を説明するというのは，完全に魔術的とまでは言えないにせよ，神秘的に聞こえるものであろう。だが，この点は理解しがたいものでもなく，またやっかいでも不気味でもない。本書ですでに何度も使用してきたが，そのことを説明するさらに簡単な方法は，私たちが自記しているもの，つまりテーブルの場合はテーブルとして捉えられているもの，人物の場合は人物として私たちが自記しているものなどに対して，第三レベルのコミットメントがなされていなければならないということである[10]。（第一レベルの）「テーブル」または「人物」という

表象に対するコミットメントでも，（第二レベルの）テーブルとして自記されたテーブルまたは人物として自記された人間に対するコミットメントでもない（なぜなら，そのようなコミットメントでは，私たちは「結局のところ，それは人間ではない」，あるいはそれどころか「あなたがテーブルであると考えているものは，統一性のとれた物体でさえない」と言いうる立場に立つことができないからである）。むしろ，私たちがテーブルや人物などと把握しているものに対してコミットしている（第三レベルの）場合にのみ，私たちは自記についての説明責任を負いうる立場に立つのであろう。

　私の授業では，「TW」という略語を用いることにしており，この言葉は「存在の根拠」，「一つのもの」などといったここで使用している意味での「世界」の省略形であると初めは説明している。だが，対話が進むにつれて，この略語の（意味とまでは言わないが）含意を変更し，「TW」は「世界」ではなく「ところのもの（that which）」，つまりコミットメントや自記などが向けられるべき「ところのもの」のことであると考えることが有益であることが明らかになる。

　敬意は，私たちが自記し，住み，気にかけ，生活しているところのものなどに対する敬意でなければならない。自記は，私たちがテーブル，人物，その他のものとして捉えているところのものに対してなされなければならない。自記と自記スキームがところのものについて説明責任を負うことは，これらのものすべてに説明責任を負わせるということである。

注釈

1. 議論が素晴らしいものでないなら，私は何か間違ったことを言ったり考えたりするだろう。だが，それが正しいものであるためには，私の発言は，誤りであるために必要な資質を備えた発言や思考でなければならない。

2. 客体の存在論は人間の慣行とは無関係に世界に内在していると考える現実主義者は，参照を既存の客体に結びつくものとみなし，また真実を，客体がその特質とされるものを保持するかどうかに関するものだとみなすことができる。構成主義的な存在論に共感する人は，そのような選択肢を利用できない。そして，これを利用できないことの結果は深刻なものである。判断のためのコミットメントは自記された世界ではなく自記されるところのものに対するものであることを確実なものとすることは，構成主義的な信念から形而上学

的な見地に立とうとする者に対する最も重要な挑戦である。

3. もともとの作品では赤。

4. ピート・モンドリアン（1872 ～ 1944），「赤，黄，青，黒のコンポジション」（1921年）。

5. ジョン・ローンチブリー「人工知能に関する DARPA の視点」，https://www.darpa.mil/attachments/AIFull.pdf

6. 「存在論的批判」というフレーズは，ヒューバート・ドレイファスの『コンピュータには何ができないか─哲学的人工知能批判』（1992年，産業図書）によるものである。ドレイファスは私のものと同様の AI に対する批判を指してこの用語を使用したが，やや意外なことに，彼は自分の批判を，世界そのものの構造というよりは，むしろ世界や理解などに関する情報やデータと関連するものとして，認識論的に組み立てていた。（彼は，「データは…離散的，明示的，決定的なものでなければならない」[原書 *What Computers Can't Do* 118ページ]，「知的な行動に不可欠なものはすべて，原則として一連の明確で独立した要素の観点から理解可能なものでなければならない」[原書 *What Computers Can't Do* 118ページ]，「世界は一連の事実，つまり情報の項目として分析することができる」[原書 *What Computers Can't Do* 130ページ] などと述べている。

7. 通常の意味合いとは異なるが，私は「形而上学」と「存在論」という用語を明確に使用している。「存在論」は，存在するもの，つまり世界の諸事象，自記時の現実を示すものであり，そして「形而上学」とは，存在論の根底にあるもの（そして適切な場合にはその研究），すなわち世界や客体および存在論の基盤と基礎を指すものである。

8. これは，（客体，特性，状況などといった）存在論的なもの，または存在が世界を把握する方法であると言っているのではない。テーブル，緊張緩和，機械工，恋愛関係は，単なる認識論的な存在ではない。すなわち，思考，表象，考え，自記スキームの要素，認識のパターン，推論プロセス，データ構造の種類，その他の純粋に認知的または認識論的または機械的な構成でもないのである。その意味で，私が擁護している見解は頑固なほどに現実主義的である。つまりこのような存在はすべて，私たちを超えたものであり世界に存在するものなのである。ただし，重要なのは，その観点からこの世界の諸事象が枠づけられ（個別化・分類され，個別に概念化され，存在論的に「解析」され）る個別化および抽象化またスキームは，社会的および個別的な自記プロセスの結果であるということである。テーブル，緊張緩和，人々などは「世界を把握する方法」ではなく，ある方法で把握された世界なのである。

9. これらのことを適切かつ哲学的に分析するには，内容，意味，参照などといった従来のカテゴリーについて考察する必要がある。だが，ここで展開されている区別（椅子と自記されている世界の一部と，椅子と自記されているところのもの）は，通常は生じないものである。なぜなら，（これは私が擁護する形而上学的な視点においては利用不可能な仮定

であるが），客体は存在しており，椅子としての性質の保持とは無関係に個性を持つものであると仮定するならば，「椅子」という一語が指示するものは椅子であるところの客体として把握されるものだからである。

10.「ところのもの」は，哲学的な実体理論において実体の役割を果たすものと関連しており，存在論的な既成事実として客体の独自性を世界へと投影するものではない。

第13章　結論

　第一世代のAIを起点とする多くのものを含めて，MLやその他の計算技術を使用することにより，私たちは比類ない計算能力を備えたAIシステムを構築している。その圧倒的な力は今後間違いなく加速していくだろう。現在はまだそうでないとしても，今後これらのシステムは多くの分野で私たちの計算能力を追い越していくだろう。良くも悪くも（通常は良いものであってほしいと願っているが，悪いものである場合もあることは確かである），私たちはますます多くのプロジェクトや仕事をこれらのシステムに委ねることになるだろう。これらのシステムは膨大な量の埋蔵データを収集し，想像を超える計算能力を活用することで，この惑星における生活の基盤やインフラをますます支配するようになるであろう。

　しかしながら，（科学的，技術的，あるいはさらに知的な想像力の）地平線上に，次に示すような本格的な判断を行いうるシステムを私たちがまもなく構築できるだとか，その構築方法についてのアイデアを私たちが確かに持っているとか，あるいはその構築について私たちが検討を進めてさえいるといったことを示唆する何物かが現れるのかどうかは，私にはわからない。

1. 自らが行う自記，表象，思考の対象となる世界に対して実存的にコミットしているシステム。
2. 真実を支持し，虚偽のものを拒絶し，不可能なことであると前で立ち止まり，そして差異を認識することができるシステム。
3. 世界におけるシステムまたは世界を対象とするシステムであるだけでなく，世界のあらゆるものが究極的に説明責任を負うものを構成するという意味での世界が，そのシステムのために存在するようなシステム。
4. 自らを迎える世界，自らの推論の対象となる存在，そして人類や社会のすべてもまた同様に，敬意，謙虚さ，そして思いやりをもって扱われなければならないということを認識しているシステム。

人間だけでなく，神聖なもの，美しいもの，また人道的なものについて重

要となるものを究極的に引き受けるのは，このような判断，つまり情熱，冷静さ，思いやりの切れ目ない統合であると私は確信している。

「汎用人工知能」の構築を目指すあらゆるプロジェクトの目的とするものは，このような判断であると私は考えている。このような判断が本質的に人工的に作り出せるものの範囲を超えているとまで私は考えていない。しかし，これは，第一世代または第二世代のAIすなわちこれまでに考案してきたシステムの次に来るような段階的な進歩でもない。判断と計算，とりわけ現在私たちが構築する能力があるような計算との間には決定的な違いがある。予測には意味がないかもしれないが，いつかはそのようなものを作り出せるとしても，誰もが短期間と言うであろう期間内に，本格的な判断を行いうるシステムを作り出せるとは思えない。そのための最小限の進歩であっても，第一世代および第二世代のAIにおいて追求されてきたものとはまったく異なる戦略が必要になるであろう。

だが，私たちは学習している。第二世代のAIは，GOFAIの根底にある形式的な存在論についての仮説が不適切なものであることに私たちの注意を向けさせた。その成功から，そして他の分野の極めて多様な洞察に基づいて，私たちは次の三つの相互に連動し合う否定しがたい事実に対する敬意を新たなものにするべきだったのだ。

1. 世界は極めて豊かなものであり，形式的な記号，さらに言えば，個別に概念化された構造としてこれを把握するあらゆる能力をはるかに超えるものである。
2. あらゆる（とりわけ概念的な）自記は，必然的に歪曲されたものであり，部分的なものであり，また利害関係を持つものである。
3. 自記の限界を活用しながらも超越することにより，真の知能は唯一無二の世界に対してコミットし，また方向付けられるのである。

この三つを組み合わせることで，次の結論が導かれる。すなわち，ある自記スキームから別の自記スキームに移行するシステム，さまざまな状況に対処する（またはさまざまな状況下で使用される）システム，またはさまざまなプロジェクトから収集した情報を統合しようとするシステムはどれも，す

べての論理展開の仮定において，本格的な判断により自らの思考を基礎付け
る必要があるのであり，これによって，自らの表象が世界に対する説明責任
を常に負い続けうるものであることを確保できるのである。これらは強力で
ありながら冷静な結論であるが，世界のあり方から導かれる直接的な結果で
ある。

　このことは私たちに何を伝えているのだろうか？　GOFAIの基礎にある
洞察の深さを前提とすると，GOFAIが不適切なものであったことについて
は謙虚でなければならない。第二世代のAIの成功には注意が必要であり，
その限界と制限に注意を払わなければならない。だが，最も重要なのは，自
記の戦略を発展させ，規範，存在論的なコミットメント，および認識論的な
実践を制御することで，私たちが世界を世界として理解し，支持することを
可能なものとした人間の心の能力と人間の文化の成果に対して，私たちは畏
敬の念を抱かなければならないということである。

▌著者

ブライアン・キャントウェル・スミス／Brian Cantwell Smith

カナダ・トロント大学で人工知能と人間に関する研究を行う教授。トロント大学の情報，哲学，認知科学，科学技術史と科学哲学の教授でもある。著書に『*On the Origin of Objects*』(MIT Press) がある。

▌監訳者

川村秀憲／かわむら・ひでのり

北海道大学大学院情報科学研究院情報理工学部門教授。博士（工学）。1973年，北海道生まれ。北海道大学大学院工学研究科システム情報工学専攻博士後期課程修了。専門は人工知能。AI俳句，感性画像認識，IoT，データマイニング，協調ロボット制御などにディープラーニングを応用し，高度な情報処理を行う人工知能の開発に取り組んでいる。

▌訳者

檜垣裕美／ひがき・ゆみ

東京外国語大学卒業。翻訳者として英語、フランス語、ビルマ語のさまざまな分野の翻訳を手がけている。翻訳協力にパスカル・ボニファス著「現代地政学　国際関係地図」(ディスカヴァー・トゥエンティワン) がある。

人工知能の可能性

機械は人間と同じ思考力を持てるのか

2021年4月15日発行

著者	ブライアン・キャントウェル・スミス
監訳者	川村秀憲
訳者	檜垣裕美
翻訳協力	Butterfly Brand Consulting
編集	道地恵介
表紙デザイン	岩本陽一
発行者	高森康雄
発行所	株式会社 ニュートンプレス 〒112-0012　東京都文京区大塚 3-11-6 https://www.newtonpress.co.jp

© Newton Press 2021　Printed in Korea
ISBN 987-4-315-52359-1